Sandeep Pratap Singh

Análise de desempenho de algoritmos de extração de regras de associação

Sandeep Pratap Singh

Análise de desempenho de algoritmos de extração de regras de associação

Melhoria da EARMGA

ScienciaScripts

Imprint

Cover image: www.ingimage.com

This book is a translation from the original published under ISBN 978-3-659-89790-0.

Publisher:
Sciencia Scripts
is a trademark of
Dodo Books Indian Ocean Ltd. and OmniScriptum S.R.L publishing group

120 High Road, East Finchley, London, N2 9ED, United Kingdom
Str. Armeneasca 28/1, office 1, Chisinau MD-2012, Republic of Moldova, Europe
Managing Directors: Ieva Konstantinova, Victoria Ursu
info@omniscriptum.com

Printed at: see last page
ISBN: 978-620-8-38661-0

Índice de conteúdo

CAPÍTULO 1
INTRODUÇÃO

1.1 Generalidades

Estamos numa era frequentemente referida como a era da informação. Nesta era da informação, porque acreditamos que a informação conduz ao poder e ao sucesso, a partir de tecnologias como os computadores, os satélites, etc., temos vindo a recolher enormes quantidades de informação. Inicialmente, com o advento dos computadores e dos meios de armazenamento digital em massa, começámos a recolher e a armazenar todo o tipo de dados, contando com o poder dos computadores para ajudar a classificar esta amálgama de informação. Infelizmente, estas colecções maciças de dados armazenados em estruturas díspares tornaram-se rapidamente avassaladoras. Este caos inicial levou à criação de bases de dados estruturadas e de sistemas de gestão de bases de dados (SGBD). Os sistemas eficientes de gestão de bases de dados têm sido recursos muito importantes para a gestão de um grande corpus de dados e, sobretudo, para a recuperação eficaz e eficiente de informações específicas de uma grande coleção, sempre que necessário. A proliferação de sistemas de gestão de bases de dados também contribuiu para a recente recolha maciça de todo o tipo de informações. Atualmente, temos muito mais informação do que aquela que podemos tratar, desde transacções comerciais e dados científicos a imagens de satélite, relatórios de texto e informações militares. A recuperação de informação já não é, pura e simplesmente, suficiente para a tomada de decisões. Confrontados com enormes colecções de dados, criámos novas necessidades para nos ajudar a fazer melhores escolhas de gestão. Estas necessidades são a síntese automática de dados, a extração da "essência" da informação armazenada e a descoberta de padrões em dados brutos.

1.2 Tipo de recolha de informações

Temos vindo a recolher uma miríade de dados, desde simples medições numéricas e documentos de texto, até informações mais complexas, como dados espaciais, canais multimédia e documentos de hipertexto. Eis uma lista não exaustiva de uma variedade de informações recolhidas em formato digital, em bases de dados e em ficheiros simples.

Transacções comerciais: Todas as transacções no sector empresarial são (frequentemente) "memorizadas" para sempre. Essas transacções estão normalmente relacionadas com o tempo e podem ser negócios interempresariais, como compras, trocas, operações bancárias, acções, etc., ou operações intraempresariais, como a gestão de mercadorias e activos internos. A utilização eficaz dos dados num período de tempo razoável para a tomada de decisões competitivas é, sem dúvida, o problema mais importante a resolver pelas empresas que lutam para sobreviver num mundo altamente competitivo.

Dados científicos: Estão a acumular-se quantidades colossais de dados científicos que precisam de ser analisados. Infelizmente, podemos capturar e armazenar mais dados novos mais rapidamente do que podemos analisar os dados antigos já acumulados.

Dados médicos e pessoais: Desde os censos governamentais aos ficheiros de pessoal e de clientes, são continuamente recolhidas grandes colecções de informação sobre indivíduos e grupos. Os governos, as empresas e as organizações, como os hospitais, estão a armazenar quantidades muito importantes de dados pessoais para os ajudar a gerir os recursos humanos e a compreender melhor um mercado.

Vídeos e fotografias de vigilância: As cassetes de vídeo das câmaras de vigilância são normalmente recicladas, perdendo-se assim o seu conteúdo. No entanto, existe atualmente uma tendência para armazenar as cassetes e até digitalizá-las para utilização e análise futuras.

Deteção por satélite: Há um número incontável de satélites à volta do globo, mas todos enviam um fluxo ininterrupto de dados para a superfície. Muitas imagens e dados de satélite são tornados públicos assim que são recebidos, na esperança de que outros investigadores os possam analisar.

Meios digitais: Muitas estações de rádio, canais de televisão e estúdios de cinema estão a digitalizar as suas colecções de áudio e vídeo para melhorar a gestão dos seus bens multimédia.

Dados de engenharia CAD e Software: Existe uma grande quantidade de sistemas de desenho assistido por computador (CAD) para arquitectos desenharem edifícios ou engenheiros conceberem componentes de sistemas ou circuitos. Estes sistemas estão a gerar uma enorme quantidade de dados. Além disso, a engenharia de software é uma fonte de dados semelhantes consideráveis com código, bibliotecas de funções, objectos, etc., que necessitam de ferramentas poderosas para gestão e manutenção.

Os repositórios da World Wide Web: Desde a criação da World Wide Web, em 1993, foram recolhidos documentos de todos os tipos de formatos, conteúdos e descrições, que foram interligados por hiperligações, tornando-a o maior repositório de dados jamais construído. Apesar da sua natureza dinâmica e não estruturada, das suas caraterísticas heterogéneas e, muitas vezes, da sua redundância e incoerência, a World Wide Web é a mais importante coleção de dados regularmente utilizada para referência, devido à grande variedade de tópicos abrangidos e às infinitas contribuições de recursos e editores. Muitos acreditam que a World Wide Web se tornará a compilação do conhecimento humano.

1.3 Extração de dados e descoberta de conhecimentos

A extração de dados é o processo de extrair informação ou padrões interessantes (não triviais, implícitos, previamente desconhecidos e potencialmente úteis) de grandes repositórios de informação, tais como: bases de dados relacionais, armazéns de dados, repositórios XML, etc. A extração de dados [1,2,3,4,5,6,7] tem atraído muita atenção devido à grande disponibilidade de enormes quantidades de dados e à necessidade iminente de transformar esses dados em informações úteis. Os conhecimentos adquiridos podem ser utilizados para
aplicações que vão desde a gestão empresarial, o controlo da produção e a análise de mercado, até à conceção de engenharia e à exploração científica. A prospeção interactiva tem sido proposta como uma forma de trazer os decisores para o circuito, a fim de aumentar a utilidade da prospeção e apoiar a exploração orientada para objectivos
mineração.

A extração de dados é conhecida como um dos principais processos do conhecimento. Muitas pessoas consideram a extração de dados como sinónimo de outro termo popular, a *descoberta de conhecimentos em bases de dados* (*KDD*). Em alternativa, outras pessoas consideram a extração de dados como o processo central do KDD. Os processos de KDD são apresentados na Figura 1.1 [3]. Normalmente, existem três processos. Um é designado por pré-processamento, que é executado antes de as técnicas de extração de dados serem aplicadas aos dados corretos. O pré-processamento inclui a limpeza, a integração, a seleção e a transformação dos dados. O processo principal do KDD é o processo de extração de dados, no qual são aplicados diferentes algoritmos para produzir conhecimentos ocultos. Depois disso, vem outro processo chamado pós-processamento, que avalia o resultado da extração de dados de acordo com os requisitos do utilizador e o conhecimento do domínio. Relativamente aos resultados da avaliação, o conhecimento pode ser apresentado se o resultado for satisfatório, caso contrário, é necessário executar novamente alguns ou todos os processos até se obter um resultado satisfatório. Os processos actuais funcionam da seguinte forma.

Limpeza e integração de dados: Em primeiro lugar, é necessário limpar e integrar as bases de dados. Uma vez que a fonte de dados pode provir de bases de dados diferentes, que podem ter algumas inconsistências e duplicações, temos de limpar a fonte de dados, removendo esses ruídos ou fazendo alguns compromissos. Suponhamos que temos duas bases de dados diferentes e que são utilizadas palavras diferentes para referir o mesmo objeto nos respectivos esquemas. Quando tentamos integrar as duas fontes, só podemos escolher uma delas, se soubermos que denotam a mesma coisa. Além disso, os dados do mundo real tendem a ser incompletos e ruidosos devido a erros de introdução manual. As fontes de dados integradas podem ser armazenadas numa base de dados, num armazém de dados ou noutros repositórios.

Seleção e transformação de dados: Como nem todos os dados da base de dados estão relacionados com a nossa tarefa de extração, o segundo processo consiste em selecionar os dados relacionados com a tarefa a partir dos recursos integrados e transformá-los num formato que esteja pronto para ser extraído. A base de dados que regista o histórico de compras pode conter a identificação do cliente, os artigos comprados, o tempo de transação, os preços, o número de cada artigo, etc., mas para esta tarefa específica só precisamos dos artigos comprados. Após a seleção dos dados relevantes, a base de dados a que vamos aplicar as nossas técnicas de extração de dados será muito mais pequena e, consequentemente, todo o processo será mais eficiente.

Extração de dados: São aplicadas várias técnicas de extração de dados à fonte de dados, o que permite obter diferentes conhecimentos como resultado da extração.

Avaliação de padrões: Os resultados da extração de conhecimento são avaliados por determinadas regras, tais como o conhecimento do domínio ou conceitos. Após a avaliação, como mostra a Figura 1, se o resultado não satisfizer os requisitos ou for contraditório com o conhecimento do domínio, temos de refazer alguns processos até obtermos os resultados corretos.

Representação do conhecimento: Depois de obtermos o conhecimento, o passo final é visualizar os resultados. Estes podem ser apresentados sob a forma de dados em bruto, tabelas, árvores de decisão, regras, gráficos, cubos de dados ou gráficos 3D. Este processo tenta tornar os resultados da extração de dados mais fáceis de utilizar e mais compreensíveis.

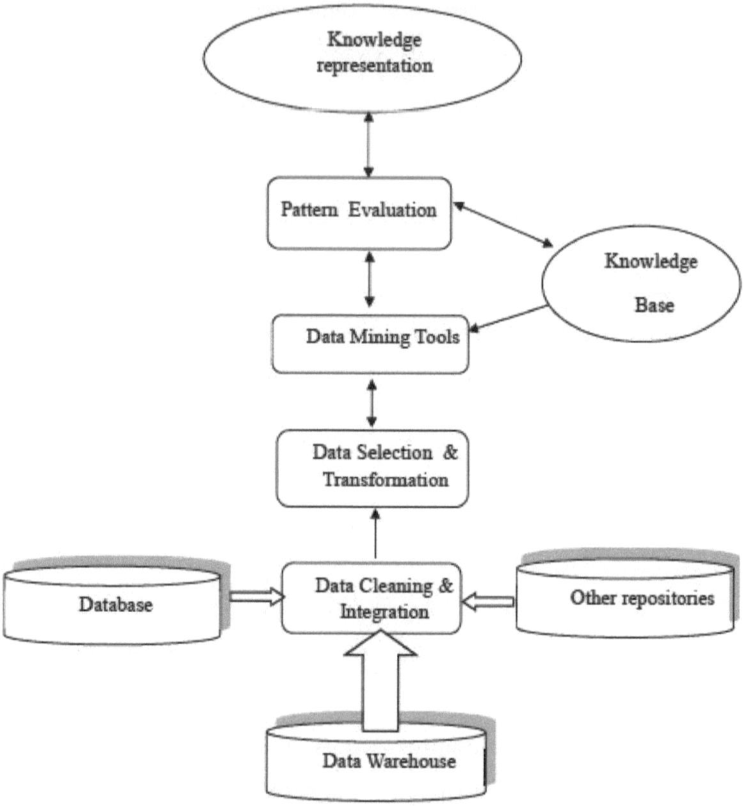

Figura 1.1: Descoberta de conhecimento na base de dados

1.4 Técnicas de extração de dados

Em geral, as tarefas de extração de dados podem ser classificadas em duas categorias:

Extração descritiva: É o processo de extrair as caraterísticas essenciais ou propriedades gerais dos dados na base de dados. As técnicas de extração descritiva são a clusterização, a associação e a extração sequencial.

Exploração preditiva: Este é o processo de inferir padrões a partir dos dados para fazer previsões. A classificação, a regressão e a deteção de desvios são técnicas de extração preditiva.
Existem vários tipos de técnicas de extração de dados, como as regras de associação, as classificações e os agrupamentos. Os diferentes tipos de técnicas de extração de dados, com exemplos, são brevemente descritos a seguir:

1.4.1 Regra de associação :A extração de regras de associação, uma das técnicas mais importantes e bem estudadas da extração de dados, foi introduzida pela primeira vez em [4]. O seu objetivo é extrair correlações interessantes, padrões frequentes, associações ou estruturas casuais entre conjuntos de itens nas bases de dados de transacções ou noutros repositórios de dados.

Exemplo 1. Numa loja de livros em linha, existem sempre algumas dicas após a compra de alguns livros. Por exemplo, após a compra do livro Data Mining Concepts and Techniques, é apresentada uma lista de livros relacionados, tais como: Database System 50%, Data Warehouse 30%, ser-lhe-á apresentada como recomendação para a compra posterior.
No exemplo acima, as regras de associação são as seguintes: quando se traz o livro Data Mining Concepts and Techniques, 50% das vezes traz-se o livro Database System e 30% das vezes traz-se o livro Data Warehouse. Essas regras, descobertas a partir da base de dados de transacções da livraria, podem ser utilizadas para reorganizar a forma de colocar os livros relacionados, o que pode reforçar ainda mais essas regras. Essas regras também podem ser utilizadas para ajudar a livraria a definir as suas estratégias de mercado, por exemplo: ao promover o livro "Conceitos e técnicas de prospeção de dados", pode aumentar as vendas dos outros dois

livros referidos no exemplo. As regras de associação são amplamente utilizadas em várias áreas, como as redes de telecomunicações, a gestão de mercados e de riscos, o controlo de stocks, etc. Várias técnicas e algoritmos de extração de associações serão brevemente apresentados no capítulo seguinte.

1.4.2 Classificação: A classificação [3] consiste em construir (automaticamente) um modelo capaz de classificar uma classe de objectos de modo a prever a classificação ou o valor do atributo em falta de objectos futuros (cuja classe pode não ser conhecida). Trata-se de um processo em duas fases. No primeiro processo, com base na recolha de um conjunto de dados de treino, é construído um modelo para descrever as caraterísticas de um conjunto de classes ou conceitos de dados. Uma vez que as classes de dados ou os conceitos são predefinidos, esta etapa é também conhecida como aprendizagem supervisionada (ou seja, é fornecida a classe a que pertence a amostra de formação). Na segunda etapa, o modelo é utilizado para prever as classes de objectos ou dados futuros.
Existem várias técnicas de classificação [3]. A classificação por árvore de decisão foi bem estudada e foram concebidos muitos algoritmos. Murthy fez uma pesquisa exaustiva sobre a indução de árvores de decisão [8]. A classificação bayesiana é outra técnica que pode ser encontrada em Duda e Hart [9]. Os métodos do vizinho mais próximo também são discutidos em muitos textos estatísticos sobre classificação, como Duda e Hart [9] e James [10]. Muitas outras técnicas de aprendizagem automática e de redes neuronais são utilizadas para ajudar a construir os modelos de classificação. Um exemplo típico de árvore de decisão é apresentado na Figura 1.2. Uma árvore de decisão para a classe comprar computador portátil indica se é provável que um cliente compre ou não um computador portátil. Cada nó

interno representa uma decisão baseada no valor do atributo correspondente e cada nó folha representa uma classe (o valor de comprar um computador portátil=Sim ou Não). Após a construção deste modelo de compra de computadores portáteis, podemos prever a probabilidade de compra de um computador portátil com base nos atributos de um novo cliente, como a idade, o grau académico e a profissão. Estas informações podem ser utilizadas para direcionar os clientes para determinados produtos ou serviços, especialmente nos sectores dos seguros e da banca.

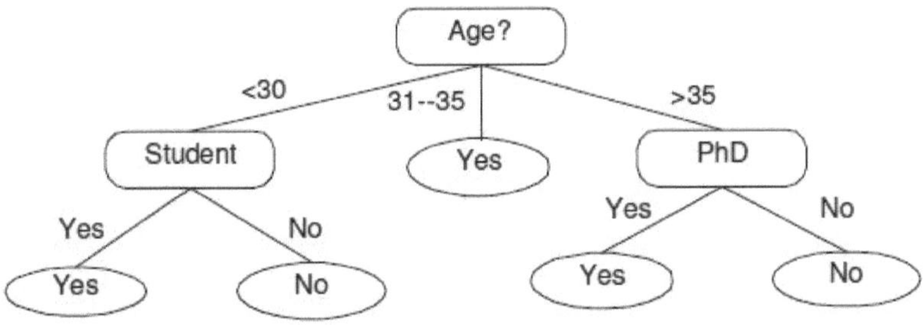

Figura 1.2.Exemplo de árvore de decisão

1.4.3 Agrupamento: Como já foi referido, a classificação pode ser considerada como um processo de aprendizagem supervisionado, o agrupamento é outra técnica de extração semelhante à classificação. No entanto, o agrupamento é um processo de aprendizagem não supervisionado. O agrupamento é o processo de agrupar um conjunto de objectos físicos ou abstractos em classes de objectos semelhantes [3], de modo que os objectos dentro do mesmo agrupamento devem ser semelhantes até certo ponto, e também devem ser diferentes dos objectos de outros agrupamentos. Na classificação, o registo a que pertence cada classe é predefinido, enquanto no agrupamento não existem classes predefinidas. No agrupamento, os objectos são agrupados com base nas suas semelhanças. As semelhanças entre os objectos são definidas por funções de semelhança. Normalmente, as semelhanças são especificadas quantitativamente como distância ou outras medidas por peritos do domínio correspondente.

A maioria das aplicações de agrupamento é utilizada na segmentação do mercado. Ao agrupar os seus clientes em diferentes grupos, as organizações empresariais podem fornecer diferentes serviços personalizados a diferentes grupos de mercados. Por exemplo, com base nas despesas, depósitos e padrões de saque dos clientes, um banco pode agrupar o mercado em diferentes grupos de pessoas. Para diferentes grupos de mercado, o banco pode fornecer diferentes tipos de empréstimos para casas ou carros com diferentes planos orçamentais. Neste caso, o banco pode prestar um melhor serviço e também certificar-se de que todos os empréstimos podem ser recuperados. Existem várias técnicas de agrupamento: métodos de partição, métodos hierárquicos, métodos baseados na densidade, métodos baseados em grelha e métodos baseados em modelos. Um estudo exaustivo das técnicas e algoritmos de agrupamento actuais está disponível em [11].

1.4.4 Exploração de regras discriminantes: uma regra discriminante é uma afirmação que discrimina conceitos da classe que está a ser examinada (a classe-alvo) de outras classes (chamadas classes contrastantes). Por exemplo, para distinguir uma doença de outras, uma regra discriminante deve resumir os sintomas que discriminam esta doença de outras.

1.4.5 Exploração de padrões sequenciais: O problema pode ser descrito informalmente da seguinte forma: os dados de entrada são um conjunto de sequências, chamadas sequências de dados. Cada sequência de dados é uma lista de transacções, em que cada transação é um conjunto de itens (literais).

1.4.6 Pesquisa de similaridade baseada em padrões: está intimamente relacionada com a extração de padrões sequenciais, mas aqui é necessário identificar padrões nos dados que sejam semelhantes entre si. Esta pesquisa de similaridade pode ser definida como relativa a um determinado objeto ou dentro de um intervalo especificado de uma métrica especificada pelo utilizador, ou então a tarefa pode ser encontrar todos os pares de padrões semelhantes dentro de um intervalo pré-especificado da função métrica.

1.4.7 Deteção de alterações e desvios: Os desvios têm sido considerados em muitas aplicações (por exemplo, na Inteligência Artificial) como elementos anómalos ou ruído nos dados, mas são o principal foco dos esquemas de deteção de desvios, cuja função é detetar e isolar os desvios nos dados.As técnicas de deteção de desvios baseiam-se na redundância presente nos dados para detetar desvios, por oposição a fontes de informação explícitas que residem fora dos dados, como restrições de integridade ou padrões de erro/não-erro predefinidos

1.4.8 Previsão As técnicas de previsão baseiam-se em alguns atributos de valor contínuo. O historial anterior dos atributos é utilizado para construir o modelo. Esta técnica é normalmente utilizada para prever as vendas de produtos;

1.5 Tipos de dados

A prospeção de dados não é específica de um tipo de suporte ou de dados. A prospeção de dados deve ser aplicável a qualquer tipo de repositório de informação. A prospeção de dados está a ser utilizada e estudada para bases de dados, incluindo bases de dados relacionais, bases de dados relacionais e bases de dados orientadas para objectos, armazéns de dados, bases de dados transaccionais, repositórios como a World Wide Web, bases de dados multimédia, bases de dados de séries cronológicas e bases de dados textuais, e mesmo ficheiros simples. Com base nos tipos de dados a que as nossas técnicas de extração são aplicadas, a extração de dados pode ser classificada em diferentes categorias.

Ficheiros simples: Os ficheiros simples são, na verdade, a fonte de dados mais comum para os algoritmos de extração de dados, especialmente a nível da investigação. Os ficheiros simples são ficheiros de dados simples em formato de texto ou binário com uma estrutura conhecida pelo algoritmo de extração de dados a aplicar. Os dados contidos nestes ficheiros podem ser transacções, dados de séries temporais, medições científicas, etc.

Base de dados relacional Até à data, a maior parte dos dados são armazenados em bases de dados relacionais, e a base de dados relacional é um dos maiores recursos dos nossos objectos mineiros. Como sabemos, a base de dados relacional é um repositório de dados altamente estruturado, os dados são descritos por um conjunto de atributos e armazenados em tabelas. Com as linguagens de consulta de bases de dados bem desenvolvidas, a extração de dados em bases de dados relacionais não é difícil. A extração de dados em bases de dados relacionais centra-se principalmente na descoberta de padrões e tendências. Por exemplo, na base de dados de um banco, utilizando alguns operadores de agregação, podemos encontrar os clientes com despesas elevadas e, com técnicas de extração de dados, podemos classificar esses clientes com base no seu perfil. Além disso, ao analisar os padrões de despesas dos clientes, podemos fornecer determinadas informações a diferentes organizações empresariais. Suponhamos que descobrimos que um cliente gasta 500 dólares por mês em moda. Se tal for permitido, podemos fornecer esta informação às lojas de moda.

A linguagem de consulta mais utilizada para bases de dados relacionais é a SQL, que permite a recuperação e a manipulação dos dados armazenados nas tabelas, bem como o cálculo de funções agregadas como a média, a soma, o mínimo, o máximo e a contagem.
Os algoritmos de extração de dados que utilizam bases de dados relacionais podem ser mais versáteis do que os algoritmos de extração de dados especificamente escritos para ficheiros simples, uma vez que podem tirar partido da estrutura inerente às bases de dados relacionais. Embora a prospeção de dados possa beneficiar da SQL para a seleção, transformação e consolidação de dados, vai além do que a SQL poderia fornecer, como a previsão, a comparação, a deteção de desvios, etc.

Base de dados temporais e de séries temporais. Ao contrário dos dados de transação tradicionais, a cada elemento de dados temporais está associado o atributo temporal correspondente. As regras de associação temporais podem ser mais úteis e informativas do que as regras de associação básicas. Por exemplo, em vez da regra de associação básica {diapers}⇒{cerveja}, a extração a partir dos dados temporais permite obter uma regra mais esclarecedora, segundo a qual o apoio de {fraldas}⇒{cerveja} aumenta para 50% entre as 19h00 e as 22h00 todos os dias. É óbvio que os retalhistas podem elaborar uma estratégia de promoção mais eficaz utilizando a regra de associação temporal.
Em [12] e [13] foram introduzidos algoritmos para a extração de padrões periódicos e de padrões sequenciais de episódios, respetivamente. A maior parte destas investigações formam agora uma nova área de extração de dados designada por extração de padrões sequenciais, ou seja, a extração de padrões sequenciais frequentes em bases de dados de séries temporais, iniciada por Agrawal em [14].

Base de dados transacional : A base de dados transacional refere-se à recolha de registos de transacções, na maioria dos casos registos de vendas. Com a popularidade dos computadores e do comércio eletrónico, existem atualmente enormes bases de dados transaccionais. A extração de dados em bases de dados transaccionais centra-se na extração de regras de associação, encontrando a correlação entre itens nos registos de transacções.

Base de dados espaciais: As bases de dados espaciais contêm normalmente não só os dados tradicionais, mas também a localização ou a informação geográfica sobre os dados correspondentes. As regras de associação espacial descrevem a relação entre um conjunto de caraterísticas e outro conjunto de caraterísticas numa base de dados espacial, por exemplo {A maioria dos centros de negócios em Singapura situa-se *em torno da* Câmara Municipal}, as operações espaciais utilizadas para descrever a correlação podem ser *dentro*, *perto*, *junto* a, etc. As definições das regras de associação espacial e dos seus parâmetros [15] são idênticas às das regras de associação normais [4]. A forma das regras de associação espacial é também X⇒Y, em que X, Y são conjuntos de predicados, dos quais alguns são predicados espaciais, e pelo menos um tem de ser um predicado espacial [15,16]. Os algoritmos para a extração de regras de associação espaciais são semelhantes aos da extração de regras de associação, exceto no que se refere à consideração de dados especiais; os processos de geração de predicados e de geração de regras baseiam-se no Apriori; os pormenores do algoritmo para a extração de regras de associação espaciais foram explicados em [16]. Foi desenvolvida uma aplicação de extração de regras de associação espacial GeoMiner [17] para extrair informações úteis de uma base de dados geográfica.

World-Wide Web: À medida que a informação na Web aumenta a uma velocidade fenomenal e a Web se torna omnipresente, a maioria dos investigadores volta-se para o campo da extração de dados da Web (Web Mining). A extração de dados da Web divide-se geralmente em três categorias principais: extração da utilização da Web, extração da estrutura da Web e extração do conteúdo da Web.

A prospeção da utilização da Web concentra-se na prospeção dos padrões de acesso dos utilizadores, de modo a que a estrutura do sítio Web possa ser modificada com base nos padrões de navegação. Foram desenvolvidas diferentes aplicações de extração de registos da Web para encontrar padrões de navegação. Para além de melhorar a estrutura do sítio Web, a prospeção da utilização da Web também é útil para estratégias de marketing cruzado, anúncios na Web e campanhas de promoção. A extração de estruturas Web centra-se na análise de estruturas e ligações em documentos Web. A ideia básica é que as páginas que estão ligadas entre si têm algum tipo de relação. Com essas hiperligações, uma exploração típica da estrutura consiste em classificar esses documentos Web em páginas autorizadas e páginas centrais. As páginas autorizadas são páginas que apresentam a fonte original de informação, enquanto as páginas centrais são páginas que ligam a essas páginas autorizadas. O conteúdo da Web inclui texto, gráficos, meios de comunicação, etc. Consequentemente, a extração de conteúdos da Web inclui a extração de texto, a extração de multimédia e a extração de gráficos.

Bases de dados multimédia: As bases de dados multimédia incluem vídeo, imagens, áudio e suportes de texto. Podem ser armazenadas em bases de dados alargadas objeto-relacionais ou orientadas para objectos, ou simplesmente num sistema de ficheiros. O multimédia caracteriza-se pela sua elevada dimensionalidade, o que torna a extração de dados ainda mais difícil. A extração de dados de repositórios multimédia pode exigir metodologias de visão computacional, computação gráfica, interpretação de imagens e processamento de linguagem natural.

1.6 Ferramentas de extração de dados

Qualquer algoritmo de extração de dados é composto por 3 partes gerais: Representação do modelo, avaliação do modelo e método de pesquisa. O modelo deve representar claramente os limites flexíveis e os pressupostos, de modo a que os padrões possam ser descobertos; o modelo deve ter validade preditiva - que pode ser baseada na validação cruzada: e a pesquisa deve otimizar os critérios de avaliação do modelo tendo em conta os dados e a representação do modelo.
As ferramentas de extração são normalmente programas automatizados que detectam padrões predefinidos. Os vários tipos de ferramentas utilizadas são os seguintes

Redes neuronais: são um conjunto de nós ligados com entradas, saídas e processamento em cada nó. Existe um certo número de camadas ocultas entre as camadas visíveis de entrada e de saída. Não podem ser treinadas em bases de dados muito grandes mas, com o método de amostragem, podem produzir uma precisão razoável em conjuntos de dados de pequena e média dimensão. No seu caso, não é fornecida qualquer explicação dos resultados.

Árvore de decisão: Separa os dados com base nos valores das variáveis. Utilizam uma hierarquia de instruções if - then para classificar os dados. São mais rápidas e facilmente compreensíveis. Mas, neste caso, o tipo de dados tem de ser intervalar ou categórico.

Indução de regras: neste caso, é gerado um conjunto de condições não hierárquicas que é utilizado para prever valores para novos itens de dados. As regras utilizadas para a previsão são mais gerais e mais poderosas do que as árvores de decisão

Visualização de dados: permite obter uma compreensão mais profunda e intuitiva dos dados, apresentando uma imagem para os utilizadores verem, em vez de automatizar o processo.

Algoritmo Genético Técnica de otimização que utiliza processos como a combinação genética, a mutação e a seleção natural num desenho baseado nos conceitos de evolução.

1.7 Classificação dos sistemas de extração de dados

Existem muitos sistemas de extração de dados disponíveis ou em desenvolvimento. Alguns são sistemas especializados, dedicados a uma determinada fonte de dados ou confinados a funcionalidades limitadas de extração de dados, enquanto outros são mais versáteis e abrangentes. Os sistemas de extração de dados podem ser classificados de acordo com vários critérios, entre os quais se destacam os seguintes

Classificação de acordo com o tipo de fonte de dados extraída: Esta classificação categoriza os sistemas de extração de dados de acordo com o tipo de dados tratados, tais como dados espaciais, dados multimédia, dados de séries temporais, dados de texto, World Wide Web, etc.

Classificação em função do modelo de dados utilizado: Esta classificação categoriza os sistemas de extração de dados com base no modelo de dados envolvido, como a base de dados relacional, a base de dados orientada para objectos, o armazém de dados, o transacional, etc.

Classificação de acordo com o tipo de conhecimento descoberto: Esta classificação categoriza os sistemas de extração de dados com base no tipo de conhecimento descoberto ou nas funcionalidades de extração de dados, tais como caraterização, discriminação, associação, classificação, agrupamento, etc. Alguns sistemas tendem a ser sistemas abrangentes que oferecem várias funcionalidades de extração de dados em conjunto.

Classificação de acordo com as técnicas de extração utilizadas: Os sistemas de extração de dados utilizam e fornecem diferentes técnicas. Esta classificação categoriza os sistemas de extração de dados de acordo com a abordagem de análise de dados utilizada, como a aprendizagem automática, as redes neuronais, os algoritmos genéticos, a estatística, a visualização, a orientação para a base de dados ou para o armazém de dados, etc. A classificação pode também ter em conta o grau de interação do utilizador envolvido no processo de extração de dados, como sistemas orientados para a consulta, sistemas exploratórios interactivos ou sistemas autónomos. Um sistema abrangente forneceria uma grande variedade de técnicas de extração de dados para se adaptar a diferentes situações e opções e ofereceria diferentes graus de interação com o utilizador.

1.8 Problemas na extração de dados

Os algoritmos de prospeção de dados incorporam técnicas que, por vezes, já existem há muitos anos, mas só recentemente foram aplicadas como ferramentas fiáveis e escaláveis que, repetidamente, superam os métodos estatísticos clássicos mais antigos. Embora a extração de dados ainda esteja a dar os primeiros passos, está a tornar-se uma tendência e omnipresente. Antes de a extração de dados se tornar uma disciplina convencional, madura e fiável, há muitas questões ainda pendentes que têm de ser resolvidas.

Algumas dessas questões são abordadas de seguida. Note-se que estas questões não são exclusivas e não estão ordenadas de forma alguma.

Segurança e questões sociais: A segurança é uma questão importante em qualquer recolha de dados que seja partilhada e se destine a ser utilizada para a tomada de decisões estratégicas. Além disso, quando os dados são recolhidos para a definição de perfis de clientes, compreensão do comportamento dos utilizadores, correlação de dados pessoais com outras informações, etc., são recolhidas e armazenadas grandes quantidades de informações sensíveis e privadas sobre indivíduos ou empresas. Esta situação torna-se controversa dada a natureza confidencial de alguns destes dados e o potencial acesso ilegal à informação. Além disso, a extração de dados pode revelar novos conhecimentos implícitos sobre indivíduos ou grupos que podem ser contrários às políticas de privacidade, especialmente se houver uma potencial divulgação das informações descobertas. Outra questão que surge desta preocupação é a utilização adequada da extração de dados. Devido ao valor dos dados, são regularmente vendidas bases de dados com todo o tipo de conteúdos e, devido à vantagem competitiva que pode ser obtida a partir dos conhecimentos implícitos descobertos, algumas informações importantes podem ser retidas, enquanto outras podem ser amplamente distribuídas e utilizadas sem controlo.

Questões relacionadas com a interface do utilizador: O conhecimento descoberto pelas ferramentas de prospeção de dados é útil desde que seja interessante e, acima de tudo, compreensível para o utilizador. Uma boa visualização dos dados facilita a interpretação dos resultados da prospeção de dados e ajuda os utilizadores a compreender melhor as suas necessidades. As principais questões relacionadas com as interfaces de utilizador e a visualização são o "espaço no ecrã", a apresentação da informação e a interação. A interatividade com os dados e os resultados da prospeção de dados é crucial, uma vez que proporciona ao utilizador meios para se concentrar e aperfeiçoar as tarefas de prospeção, bem como para visualizar o conhecimento descoberto de diferentes ângulos e a diferentes níveis conceptuais.

Questões de metodologia de extração de dados: Estas questões dizem respeito às abordagens de extração de dados aplicadas e às suas limitações. Temas como a versatilidade das abordagens de prospeção, a diversidade dos dados disponíveis, a dimensionalidade do domínio, as necessidades gerais de análise (quando conhecidas), a avaliação dos conhecimentos descobertos, a exploração dos conhecimentos de base e dos metadados, o controlo e tratamento do ruído nos dados, etc., são exemplos que podem ditar a escolha da metodologia de prospeção. Por exemplo, é muitas vezes desejável dispor de diferentes métodos de extração de dados, uma vez que as diferentes abordagens podem ter um desempenho diferente consoante os dados em causa. Além disso, as diferentes abordagens podem adequar-se e resolver as necessidades dos utilizadores de forma diferente.

Questões de desempenho: Existem muitos métodos estatísticos e de inteligência artificial para a análise e interpretação de dados. No entanto, estes métodos não foram frequentemente concebidos para os conjuntos de dados muito grandes com que a extração de dados lida atualmente. São comuns os tamanhos de terabytes. Este facto levanta a questão da escalabilidade e da eficiência dos métodos de extração de dados no tratamento de dados consideravelmente grandes. Os algoritmos com complexidade exponencial ou mesmo polinomial de ordem média não podem ser utilizados na prática para a extração de dados. Os algoritmos lineares são normalmente a norma. No mesmo tema, a amostragem pode ser utilizada para a extração de dados em vez de todo o conjunto de dados. No entanto, podem surgir problemas como a exaustividade e a escolha das amostras. Outros tópicos na questão do desempenho são a *atualização incremental* e a programação paralela. Não há dúvida de que o paralelismo pode ajudar a resolver o problema da dimensão se o conjunto de dados puder ser subdividido e os resultados puderem ser fundidos posteriormente. A atualização incremental é importante para fundir os resultados da extração paralela ou para atualizar os resultados da extração de dados quando estão disponíveis novos dados sem ter de voltar a analisar o conjunto completo de dados.

1.9 Âmbito da extração de dados

A prospeção de dados deriva o seu nome da semelhança entre a procura de informações comerciais valiosas numa grande base de dados, por exemplo, a procura de produtos preferidos em gigabytes. Uma vez que os sistemas em tempo real dispõem de bases de dados de dimensão e qualidade suficientes, a tecnologia de extração de dados pode ser utilizada para este fim:

Descoberta automatizada de padrões anteriormente desconhecidos: A extração de dados varre a base de dados e identifica padrões anteriormente ocultos numa única etapa. Por exemplo, considere-se o caso das vendas a retalho. Temos de identificar produtos aparentemente não relacionados que são frequentemente comprados em conjunto. Pode ser o caso da deteção de cartões de crédito fraudulentos e de dados anómalos que podem representar uma entrada durante a introdução de dados.

Previsão automatizada de tendências e comportamentos: A prospeção de dados automatiza o processo de encontrar informações preditivas em grandes bases de dados. Os problemas que exigem muita análise humana anteriormente podem ser facilmente resolvidos utilizando métodos de extração de dados. A extração de dados pode ser utilizada no marketing direcionado, na previsão de falências e na identificação de segmentos de uma população susceptíveis de reagir de forma semelhante a determinados eventos.

As técnicas de prospeção de dados podem produzir os benefícios da automatização nas plataformas de software e hardware existentes e podem ser implementadas nos novos sistemas, podendo analisar bases de dados maciças em menos tempo. A elevada velocidade torna prática a utilização de grandes bases de dados, o que, por sua vez, permite melhorar as previsões. A extração de dados tem muitos domínios de aplicação. Alguns deles são:

Marketing:

1. Identificar os padrões de compra dos clientes.
2. Encontrar a associação entre as caraterísticas demográficas dos clientes
3. Prever a resposta a campanhas de correio eletrónico
4. Análise do cabaz de compras.

Banca

1. Detetar padrões de utilização fraudulenta de cartões de crédito.
2. Identificação de clientes fiéis
3. Identificar as regras do mercado de acções a partir de dados históricos do mercado.
4. Encontrar as correlações ocultas entre diferentes indicadores financeiros.
5. Determinar as despesas com cartões de crédito por grupo de clientes.
6. Prever a probabilidade de os clientes mudarem de empresa de cartão de crédito.

Medicina

1. Caracterizar o comportamento do paciente para prever a visita clínica.

2. Identificar terapias médicas bem sucedidas para diferentes doenças.

Seguros e cuidados de saúde

1. Análise dos pedidos de indemnização, ou seja, quais os procedimentos médicos que são pedidos em conjunto
2. Prever quais clientes comprarão novas apólices.
3. Identificar padrões de comportamento de clientes de risco
4. Identificação do comportamento fraudulento

Organização:

Esta dissertação está organizada da seguinte forma. No Capítulo 2, faz-se um levantamento pormenorizado dos algoritmos de regras de associação anteriores, por categorias, como os clássicos, os baseados em árvores, os paralelos e distribuídos, os genéticos e os baseados em pesos. Em seguida, discutimos os pormenores de ambos os algoritmos de comparação, nomeadamente o Apriori e o EARMGA, para a extração de dados de regras de associação, no Capítulo 3. O Capítulo 4 apresenta os pormenores da análise experimental com resultados em gráficos Excel. O capítulo 5 apresenta a conclusão do trabalho, seguida das referências.

CAPÍTULO 2

ESTUDO DA EXTRACÇÃO DE REGRAS DE ASSOCIAÇÃO

2.1 PROBLEMA DE REGRAS DE ASSOCIAÇÃO

Um enunciado formal do problema das regras de associação é [4] [1]:

Definição 1: Seja I $=\{I1, I2, \ldots, Im\}$ um conjunto de m atributos distintos, também chamados *literais*. Seja D uma base de dados, onde cada registo (tupla) T tem um identificador único, e contém um conjunto de itens tais que T⊆I Uma *regra de associação* é uma implicação da forma X⇒Y, onde X, Y⊂I, são conjuntos de itens chamados *conjuntos de itens*, e. $X \cap Y = \phi$Aqui, X é chamado antecedente, e Y consequente.

Duas medidas importantes para as regras de associação, o apoio (s) e a confiança (α), podem ser definidas do seguinte modo

Definição 2: O *suporte (s)* de uma regra de associação é a relação (em percentagem) entre os registos que contêm XUY e o número total de registos na base de dados.

Por conseguinte, se dissermos que o apoio de uma regra é de 5%, isso significa que 5% do total de registos contêm XUY. O suporte é a significância estatística de uma regra de associação. Os gerentes de mercearias provavelmente não se preocupariam com a relação entre manteiga de amendoim e pão se menos de 5% das transacções da loja tivessem esta combinação de compras. Embora um suporte elevado seja frequentemente desejável para as regras de associação, nem sempre é esse o caso. Por exemplo, se estivéssemos a utilizar regras de associação para prever a falha de nós de comutação de telecomunicações com base no conjunto de eventos que ocorrem antes da falha, mesmo que estes eventos não ocorram com muita frequência, as regras de associação que mostram esta relação continuariam a ser importantes.

Definição 3: Para um determinado número de registos, *a confiança (α)* é o rácio (em percentagem) entre o número de registos que contêm X∪Y e o número de registos que contêm X.

Assim, se dissermos que uma regra tem uma confiança de 85%, isso significa que 85% dos registos que contêm X também contêm Y. A confiança de uma regra indica o grau de correlação no conjunto de dados entre X e Y. A confiança é uma medida da força de uma regra. Muitas vezes, é necessária uma grande confiança para as regras de associação. Se um conjunto de eventos ocorrer uma pequena percentagem de vezes antes de uma falha de um interrutor ou se um produto for comprado muito raramente com manteiga de amendoim, estas relações podem não ser muito úteis para a gestão.

A extração de regras de associação de uma base de dados consiste em encontrar todas as regras que satisfazem o limiar de apoio e confiança especificado pelo utilizador. O problema da extração de regras de associação pode ser decomposto em dois subproblemas [5], como indicado no Algoritmo 1.

Algoritmo 1. Básicos:

Entrada:

I, D, s, α

Saída:

Regras de associação que satisfazem s e α

Algoritmo:

1) Encontrar todos os conjuntos de itens que ocorrem com uma frequência que é maior ou igual ao limiar de apoio especificado pelo utilizador, s.

2) Gerar as regras pretendidas utilizando os grandes conjuntos de itens, que têm um limiar de confiança, α, especificado pelo utilizador.

O primeiro passo no Algoritmo 1 encontra *conjuntos de itens grandes* ou *frequentes.* Os conjuntos de itens que não sejam estes são designados por *conjuntos de itens pequenos*. Aqui, um conjunto de itens é um subconjunto do conjunto total de itens de interesse da base de dados. Uma observação interessante (e útil) sobre conjuntos de itens grandes é que:

Se um conjunto de itens X é pequeno, qualquer superconjunto de X também é pequeno.

É claro que a contrapositiva desta afirmação (Se X é um grande conjunto de objectos, então qualquer subconjunto de X também o é) também é importante de recordar. No resto deste documento, usamos L para designar o conjunto de grandes conjuntos de objectos. O segundo passo do Algoritmo 1 encontra regras de associação usando conjuntos de itens grandes obtidos no primeiro passo. O Exemplo 1 ilustra este processo básico para encontrar regras de associação a partir de conjuntos de itens grandes.

Exemplo 1: Considere uma pequena base de dados com quatro itens I={Pão, Manteiga, Ovos, Leite} e quatro transacções como mostra a Tabela 2.1 A Tabela 2.2 mostra todos os conjuntos de itens para I. Suponha que o suporte mínimo e a confiança mínima de uma regra de associação são 40% e 60%, respetivamente. Existem várias regras de associação potenciais. Para efeitos de discussão, analisamos apenas as da Tabela 2.3. Em primeiro lugar, temos de descobrir se todos os conjuntos de itens nessas regras são grandes. Em segundo lugar, temos de verificar se uma regra tem uma confiança de pelo menos 60%. Se as condições acima forem satisfeitas para uma regra, podemos dizer que existem provas suficientes para concluir que a regra é válida com uma confiança de 60%. Os conjuntos de itens associados às regras acima mencionadas são: {Pão, Manteiga}, e {Manteiga, Ovos}. O suporte de cada conjunto de itens individual é de pelo menos 40% (ver Tabela 2.2). Portanto, todos estes conjuntos de itens são grandes. A confiança de cada regra é apresentada na Tabela 3. É evidente que a primeira regra (Pão ⇒□Butter) é válida. No entanto, a segunda regra (Manteiga ® Εγγσ) não se mantém porque a sua confiança é inferior a 60%.

Tabela 2.1. Base de dados de transacções para o Exemplo 1

ID da transação	Artigos
T1	Pão, manteiga, ovos
T2	Manteiga, Ovos, Leite
T3	Manteiga
T4	Pão ,Manteiga

Tabela 2.2: Suporte para conjuntos de itens na Tabela 2.1 e conjuntos de itens grandes com um suporte de 40%

Conjunto de itens	Apoio, s	Grande\Pequeno
Pão	50%	Grande
Manteiga	100%	Grande
Ovos	50%	Grande
Leite	25%	Pequeno
Pão,Manteiga	0%	Pequeno
Pão,Ovos	50%	Grande
Pão, leite	25%	Pequeno
Manteiga,Ovos	25%	Pequeno
Manteiga,Leite	25%	Pequeno
Ovos,Leite	25%	Pequeno
Pão, manteiga, ovos	0%	Pequeno
Pão, manteiga, leite	0%	Pequeno
Manteiga, Ovos, Leite	25%	Pequeno
Pão, Manteiga, Ovos, Leite	0%	Pequeno

Tabela 2.3. Confiança de algumas regras de associação para o Exemplo 1 em que ≤□60%

Regra	Confidencialidade	Regra de retenção
Pão ⇒Manteiga	100%	Sim
Manteiga ⇒ Pão	50%	Não
Manteiga ⇒ Ovos	50%	Não
Ovos⇒ Manteiga	100%	Sim

A identificação dos grandes conjuntos de itens é computacionalmente dispendiosa [5]. No entanto, uma vez obtidos todos os conjuntos de grandes objectos ($l \in$ □L) são obtidos, existe um algoritmo simples para encontrar regras de associação, apresentado em [5], que é retomado no Algoritmo 2.

Algoritmo 2. Encontrar regras de associação com grandes conjuntos de itens:

Entrada: I, D, s, α□□□L

Resultado:Regras de associação que satisfazem s e α

Algoritmo:

1) Encontrar todos os subconjuntos não vazios, x, de cada conjunto de itens grandes, $l \in$□L

2) Para cada subconjunto, obter uma regra da forma x⇒□(l-x) se a razão entre a frequência de ocorrência de l e a de x for maior ou igual ao limiar de confiança.

Por exemplo, suponhamos que queremos ver se a primeira regra {Pão ⇒Manteiga) é válida para o Exemplo 2. Aqui l = {Pão, Manteiga}, e x = {Pão}. Portanto, (l-x) = {Butter}. Agora, a razão entre o suporte(Pão, Manteiga) e o suporte(Pão) é 100%, que é maior do que a confiança mínima. Portanto, a regra é válida. Para uma melhor compreensão, consideremos a terceira regra,

Manteiga ® Eγγσ, em que x = {Manteiga} e $(l\text{-}x)$ = {Ovos}. O rácio entre o apoio (Manteiga, Ovos) e o apoio (Manteiga) é de 50%, que é inferior a 60%. Portanto, podemos dizer que não há evidência suficiente para concluir {Manteiga} ® {Eγγσ} com 60% de confiança.

Uma vez que encontrar grandes conjuntos de itens numa base de dados enorme é muito dispendioso e domina o custo global da extração de regras de associação, a maior parte da investigação tem-se centrado no desenvolvimento de algoritmos eficientes para resolver o passo 1 do Algoritmo 1 [1,4,18].

A secção seguinte apresenta uma panorâmica destes algoritmos.

2.2 ALGORITMOS PARA EXTRACÇÃO DE REGRAS DE ASSOCIAÇÃO

Nesta secção, apresentamos um levantamento dos algoritmos existentes para gerar regras de associação. A maioria dos algoritmos utilizados para identificar grandes conjuntos de itens pode ser classificada como sequencial ou paralela. Na maioria dos casos, parte-se do princípio de que os conjuntos de itens são identificados e armazenados por ordem lexicográfica (com base no nome do item). Esta ordem proporciona uma forma lógica de gerar e contar conjuntos de itens. Esta é a abordagem normal dos algoritmos sequenciais. Por outro lado, os algoritmos paralelos centram-se na forma de paralelizar a tarefa de encontrar grandes conjuntos de itens. Nas subsecções seguintes, descrevemos caraterísticas importantes dos algoritmos propostos anteriormente. Descrevemos todas as técnicas, mas apenas incluímos uma declaração do algoritmo e analisamos a sua utilização com um exemplo para um subconjunto representativo destes algoritmos. Discutimos o desempenho dos algoritmos e analisamos as estruturas de dados utilizadas.

2.2.1 Algoritmos sequenciais

situação em que todos os conjuntos de itens que precisam de ser medidos numa passagem não caibam na memória.

A eficácia do algoritmo AIS foi medida em [4], aplicando dados de vendas obtidos de uma grande empresa retalhista. Havia um total de 46.873 transacções de clientes e 63 departamentos na base de dados. O algoritmo foi utilizado para determinar se existia uma associação entre departamentos no comportamento de compra dos clientes. O principal problema do algoritmo AIS é que gera demasiados candidatos que mais tarde se revelam pequenos [5]. Para além do único consequente na regra, outra desvantagem do algoritmo AIS é que as estruturas de dados necessárias para manter os conjuntos de itens grandes e candidatos não foram especificadas [4]. Se uma base de dados tiver m itens e todos os itens aparecerem em todas as transacções, haverá 2^m conjuntos de itens potencialmente grandes. Por conseguinte, este método apresenta uma complexidade que é exponencial na ordem de m no pior dos casos.

2.2.1.2 SETM

O algoritmo SETM foi proposto em [19] e foi motivado pelo desejo de utilizar SQL para calcular grandes conjuntos de itens. Neste algoritmo, cada membro do conjunto de grandes conjuntos de artigos, Lk , tem a forma <TID, conjunto de artigos>, em que TID é o identificador único de uma transação. Da mesma forma, cada membro do conjunto de itens candidatos, Ck , tem a forma <TID, itemset>.
Tal como o algoritmo AIS, o algoritmo SETM efectua várias passagens pela base de dados. Na primeira passagem, conta o suporte de itens individuais e determina quais deles são grandes ou frequentes na base de dados. Em seguida, gera os conjuntos de itens candidatos, alargando os conjuntos de itens grandes da passagem anterior

passar.

Além disso, o SETM memoriza os TIDs das transacções geradoras com os conjuntos de itens candidatos. A operação relacional de fusão e junção pode ser utilizada para gerar conjuntos de itens candidatos [21]. Ao gerar conjuntos de itens candidatos, o algoritmo SETM guarda uma cópia dos conjuntos de itens candidatos juntamente com o TID da transação geradora de forma sequencial. Posteriormente, os conjuntos de itens candidatos são ordenados por conjuntos de itens e os conjuntos de itens pequenos são eliminados através de uma função de agregação. Se a base de dados estiver ordenada com base no TID, os grandes conjuntos de itens contidos numa transação na passagem seguinte são obtidos através da ordenação de Lk no TID. Desta forma, são efectuadas várias passagens na base de dados. Quando não forem encontrados mais conjuntos de itens grandes, o algoritmo termina.

A principal desvantagem deste algoritmo deve-se ao número de conjuntos candidatos Ck [5]. Uma vez que para cada conjunto de itens candidato existe um TID associado, é necessário mais espaço para armazenar um grande número de TIDs. Além disso, quando o suporte de um conjunto de itens candidato é contado no final da passagem, Ck não está ordenado. Por conseguinte, é novamente necessário ordenar os conjuntos de itens. Em seguida, os conjuntos de itens candidatos são eliminados, descartando os conjuntos de itens candidatos que não satisfazem a restrição de suporte. É necessário efetuar outra ordenação em TID para o conjunto resultante (Lk). Posteriormente, Lk pode ser utilizado para gerar conjuntos de itens candidatos na passagem seguinte. No algoritmo SETM [5] não foi considerada nenhuma técnica de gestão de buffers. Assume-se que Ck pode caber na memória principal. Além disso, [20] mencionou que o SETM não é eficiente e não há resultados relatados sobre a sua execução contra um SGBD relacional.

2.2.1.3.Apriori

O algoritmo Apriori, desenvolvido por [5], é uma grande conquista na história da extração de regras de associação [1]. É de longe o algoritmo de regras de associação mais conhecido. Esta técnica utiliza a propriedade de que qualquer subconjunto de um grande conjunto de itens deve ser um grande conjunto de itens. Além disso, assume-se que os itens de um conjunto de itens são mantidos por ordem lexicográfica. As diferenças fundamentais entre este algoritmo e os algoritmos AIS e SETM são a forma de gerar conjuntos de itens candidatos e a seleção de conjuntos de itens candidatos para contagem. Como já foi referido, tanto no algoritmo AIS como no SETM, são obtidos os conjuntos de artigos comuns entre os grandes conjuntos de artigos da passagem anterior e os artigos de uma transação. Estes conjuntos de itens comuns são alargados com outros itens individuais da transação para gerar conjuntos de itens candidatos. No entanto, esses itens individuais podem não ser grandes. Como sabemos que um superconjunto de um conjunto de itens grande e um conjunto de itens pequeno resultará num conjunto de itens pequeno, estas técnicas geram demasiados conjuntos de itens candidatos que acabam por ser pequenos. O algoritmo Apriori aborda esta importante questão. O Apriori gera os conjuntos de itens candidatos juntando os conjuntos de itens grandes da passagem anterior e eliminando os subconjuntos que são pequenos na passagem anterior sem considerar as transacções na base de dados. Ao considerar apenas os grandes conjuntos de itens da passagem anterior, o número de grandes conjuntos de itens candidatos é significativamente reduzido.

Na primeira passagem, são contados os conjuntos de itens com apenas um item. Os grandes conjuntos de itens descobertos na primeira passagem são utilizados para gerar os conjuntos de itens candidatos da segunda passagem utilizando a função apriori_gen(). Uma vez encontrados os conjuntos de itens candidatos, os seus suportes são contados para descobrir os conjuntos de itens grandes de tamanho dois, fazendo uma pesquisa na base de dados. Na terceira passagem, os grandes conjuntos de itens da segunda passagem são considerados como conjuntos candidatos para descobrir os grandes conjuntos de itens desta passagem. Este processo iterativo termina quando não são encontrados novos conjuntos de objectos de grande dimensão. Cada passagem i do algoritmo percorre a base de dados uma vez e determina os grandes conjuntos de artigos de tamanho i. L_i denota os grandes conjuntos de artigos de tamanho i, enquanto C_i são os candidatos de tamanho i.

A função apriori_gen(), tal como descrita em [5], tem duas etapas. Durante o primeiro passo, L_{k-1} é unido a si próprio para obter C_k. No segundo passo, apriori_gen() elimina todos os conjuntos de itens do resultado da junção, que têm algum subconjunto (k-1) que não está em L_{k-1}. Depois, devolve os restantes k-conjuntos de itens grandes.

A função subset() devolve subconjuntos de conjuntos de candidatos que aparecem numa transação. A contagem do suporte dos candidatos é um passo moroso do algoritmo [5]. Para reduzir o número de candidatos que precisam de ser verificados para uma determinada transação, os conjuntos de itens candidatos Ck são armazenados numa árvore de hash. Um nó da árvore de hash pode conter um nó folha ou uma tabela de hash (um nó interno). Os nós folha contêm os conjuntos de itens candidatos em ordem ordenada. Os nós internos da árvore têm tabelas de hash que ligam aos nós filhos. Os conjuntos de itens são inseridos na árvore de hash usando uma função de hash. Quando um conjunto de itens é inserido, é necessário começar na raiz e descer na árvore até chegar a uma folha. Além disso, os Lk são armazenados numa tabela de hash para tornar a etapa de poda mais rápida [21].

```
Algorithm 3. Apriori [5]
Input:I, D, s
Output:L
Algorithm:
//procedure LargeItemsets
1) C1: = I; //Candidate 1-itemsets
2) Generate L1 by traversing database and counting each occurrence
of an attribute in a
   transaction;
3) for (k = 2; Lk-1 ≠ Ø; k++) do begin
  //Candidate Itemset generation
```

//New k-candidate itemsets are generated from (k-1)-large itemsets

4) C_k = apriori-gen(L_{k-1});

//Counting support of C_k

5) Count (C_k, D)

6) $L_k = \{c \in C_k \mid c.count \geq minsup\}$

7) end

9) $L := \cup_k L_k$

2.2.1.4. Apriori-TID

Como mencionado anteriormente, o Apriori analisa toda a base de dados em cada passagem para contar o suporte. A análise de toda a base de dados pode não ser necessária em todas as passagens. Com base nesta conjetura, [5] propôs outro algoritmo chamado Apriori-TID. Semelhante ao Apriori, o Apriori-TID utiliza a função de geração de candidatos do Apriori para determinar conjuntos de itens candidatos antes do início de uma passagem. A principal diferença em relação ao Apriori é que não utiliza a base de dados para contar o apoio após a primeira passagem. Em vez disso, utiliza uma codificação dos conjuntos de itens candidatos utilizados na passagem anterior, denotada por $\overline{C_k}$. Tal como no SETM, cada membro do conjunto $\overline{C_k}$ tem a forma <TID, x_k> onde x_k é um conjunto de k itens potencialmente grande presente na transação com o identificador TID. Na primeira passagem, $\overline{C_1}$ corresponde à base de dados. No entanto, cada item é substituído pelo conjunto de itens. Nas outras passagens, o membro de $\overline{C_k}$ correspondente à transação T é <TID, c> em que c é um candidato pertencente a c_k contido em T. Por conseguinte, a dimensão de $\overline{C_k}$ pode ser menor do que o número de transacções na base de dados. Além disso, cada entrada em $\overline{C_k}$ pode ser menor do que a transação correspondente para valores k maiores. Isto deve-se ao facto de a transação poder conter muito poucos candidatos. Deve ser mencionado que cada entrada em $\overline{C_k}$ pode ser maior do que a transação correspondente para valores k mais pequenos.

Numa primeira fase, toda a base de dados é analisada e $\overline{C_1}$ é obtida em termos de conjuntos de itens. Ou seja, cada entrada de $\overline{C_1}$ tem todos os itens juntamente com o TID. Os grandes conjuntos de itens com L1 de 1 item são calculados contando as entradas de $\overline{C_1}$. De seguida, utiliza-se apriori_gen() para obter c_2. As entradas de $\overline{C_2}$ correspondentes a uma transação T são obtidas considerando os membros de c_2 que estão presentes em T. Para realizar esta tarefa, $\overline{C_1}$ é analisado em vez de toda a base de dados. Em seguida, obtém-se L2 contando o suporte em $\overline{C_2}$. Este processo continua até se verificar que os conjuntos de itens candidatos estão vazios[21].

A vantagem de utilizar esta função de codificação é que, em passagens posteriores, o tamanho da função de codificação torna-se mais pequeno do que a base de dados, poupando assim muito esforço de leitura. O Apriori-TID também tem um desempenho superior ao do AIS e do SETM. Usando o exemplo dado na Tabela 4, onde L3 foi encontrado como {{Apple, Bagel, Chicken}, {Apple, Bagel, DietCoke}, {Apple, Chicken, DietCoke}, {Apple, Chicken, Eggs}, {Bagel, Chicken, DietCoke}}. À semelhança do Apriori, o Apriori-TID também gera apenas um conjunto de itens candidatos {Apple, Bagel, Chicken, DietCoke}. Como mencionado anteriormente, tanto o AIS como o SETM geram cinco conjuntos de itens candidatos que são {Apple, Bagel, Chicken, DietCoke}, {Apple, Bagel, Chicken, Eggs}, {Apple, Bagel, DietCoke Eggs}, {Apple, Chicken, DietCoke, Eggs} e {Bagel, Chicken, DietCoke, Eggs}.

No Apriori-TID, os conjuntos de itens candidatos em Ck são armazenados numa matriz indexada por TIDs dos conjuntos de itens em c_k. Cada Ck é armazenado numa estrutura sequencial. Na k^a passagem, o Apriori-TID precisa de espaço de memória para L_{k-1} e Ck durante a geração de candidatos. O espaço de memória é necessário para c_{k-1}, c_k, $\overline{C_k}$, e $\overline{C_{k-1}}$ na fase de contagem. Cerca de metade da memória intermédia é preenchida com candidatos na altura da geração de candidatos. Isso permite que as partes relevantes de Ck e c_{k-1} sejam mantidas na memória durante a fase de computação. Se Lk não couber na memória, recomenda-se que Lk seja ordenado externamente.

Tal como o Apriori, o desempenho deste algoritmo também foi avaliado através de experiências com uma grande amostra numa estação de trabalho IBM RS/6000 530H [5]. Uma vez que o Apriori-TID utiliza $\overline{C_k}$ em vez de toda a base de dados após a primeira passagem, é muito eficaz em passagens posteriores quando $\overline{C_k}$ se torna mais pequeno. No entanto, o Apriori-TID tem o mesmo problema que o SETM, na medida em que *Ck* tende a ser grande, mas o Apriori-TID gera significativamente menos conjuntos de itens candidatos do que o SETM.

O Apriori-TID não precisa de ordenar $\overline{C_k}$ como é necessário no SETM. Existe algum problema associado à gestão do buffer quando $\overline{C_k}$ se torna maior. Também se verificou que o Apriori-TID tem um desempenho superior ao Apriori quando há um número menor de $\overline{C_k}$ A distribuição dos conjuntos de itens grandes tem uma cauda longa [21]. Isto significa que a distribuição das entradas nos grandes conjuntos de itens é elevada numa fase inicial. A distribuição torna-se mais pequena imediatamente após atingir o pico e continua durante muito tempo. Foi registado que o desempenho do Apriori é melhor do que o do Apriori-TID para grandes conjuntos de dados [5]. Por outro lado, o Apriori-TID tem um desempenho superior ao Apriori quando os $\overline{C_k}$ Quando os conjuntos de dados são relativamente pequenos (cabem na memória). Por conseguinte, uma técnica híbrida "Apriori-Hybrid" foi também introduzida por [5].

2.2.1.5 Apriori-Hybrid

Este algoritmo baseia-se na ideia de que não é necessário utilizar o mesmo algoritmo em todas as passagens sobre os dados. Como mencionado em [5], o Apriori tem melhor desempenho nas primeiras passagens, e o Apiori-TID supera o Apriori nas passagens posteriores. Com base nas observações experimentais, foi desenvolvida a técnica Apriori-Hybrid que utiliza o Apriori nas passagens iniciais e muda para o Apriori-TID quando espera que o conjunto $\overline{C_k}$ no final da passagem caberá na memória. Por conseguinte, é necessária uma estimativa de $\overline{C_k}$ no final de cada passagem. Além disso, há um custo envolvido na mudança do Apriori para o Apriori-TID. O desempenho desta técnica também foi avaliado através da realização de experiências com grandes conjuntos de dados. Observou-se que o Apriori-Híbrido tem um desempenho melhor do que o Apriori, exceto no caso em que a mudança ocorre no final das passagens [21].

2.2.2 Algoritmos baseados em árvores

2.2.2.1 ***Algoritmo FP-Tree (árvore de padrões frequentes).*** Para ultrapassar os dois pontos de estrangulamento dos algoritmos da série Apriori, foram concebidos alguns trabalhos de extração de regras de associação utilizando uma estrutura em árvore. O algoritmo FP-Tree [23], de extração de padrões frequentes, é outro marco no desenvolvimento da extração de regras de associação, que elimina os dois estrangulamentos do Apriori. Os conjuntos de itens frequentes são gerados com apenas duas passagens sobre a base de dados e sem qualquer processo de geração de candidatos. A FP-Tree foi introduzida por Han et al em [23]. Ao evitar o processo de **geração** de candidatos e ao passar menos vezes sobre a base de dados, o FP-Tree é uma ordem de grandeza mais rápido do que o algoritmo Apriori. O processo de geração de padrões frequentes inclui dois subprocessos: a construção da árvore FT e a geração de padrões frequentes a partir da árvore FP.

O processo de construção da árvore FP é o seguinte:

(1) A base de dados é analisada pela primeira vez. Durante esta análise, é recolhida a contagem de apoio de cada item. Como resultado, são gerados os conjuntos de *1* itens frequentes, como mostra a Tabela 2.4(b), este processo é o mesmo que no algoritmo Apriori. Estes conjuntos de itens frequentes são ordenados por ordem decrescente dos seus suportes. Além disso, a tabela principal dos conjuntos *de 1* itens frequentes ordenados é criada como mostrado na Figura 2.1.

Tabela 2.4(a).Base de dados original (b)L_1 (large 1-itemset) (c) Dados transformados

TID	Lista de itens
T100	I_1 , I_2 , I_5
T200	I_2 , I_4
T300	I_2 , I_3
T400	I_1 , I_2 , I_4
T500	I_1 , I_3
T600	I_2 , I_3
T700	I_1 , I_3
T800	I_1 , I_2 , I_3 , I_5
T900	I_1 , I_2 , I_3
T000	I_1 , I_2 , I_5 , I_6

(a)

Grandes 1 artigos	apoio
I_1	7
I_2	8
I_3	6
I_5	3

(b)

TID	Lista de itens
T100	I_2 , I_1 ,I_5
T200	I_2
T300	I_2 , I_3
T400	I_2 , I_1
T500	I_1 , I_3
T600	I_2 , I_3
......	....

(c)

(2) Criar o nó raiz da árvore FP T com a etiqueta *Root*. A base de dados é novamente analisada para construir a árvore FP com a tabela principal; para cada transação, a ordem dos itens frequentes é alterada de acordo com a tabela principal. Por exemplo, a primeira transação (I_1 , I_2 , I_5) é transformada em (I_2 , I_1 ,I_5), uma vez que I_2 ocorre mais frequentemente do que I_1 na base de dados. Sejam os itens da transação [p | P], em que p é o primeiro item frequente e P é a lista dos restantes itens, e chame-se à função *Inserir*{[p |*P*];T}

.

(3) A função *Insert{* [p | P]; *T}* funciona da seguinte forma. Se T tiver um filho N tal que N.item-name=p.item-name, então a contagem de N é aumentada em 1; caso contrário, é criado um novo nó N e N.item-name=p.item-name com uma contagem de suporte de 1. A sua ligação pai é ligada a T e a sua ligação nó é ligada ao nó com o mesmo item-name através de uma sub-ligação. Esta função *Inserir{P;T}* é chamada recursivamente até P ficar vazio.

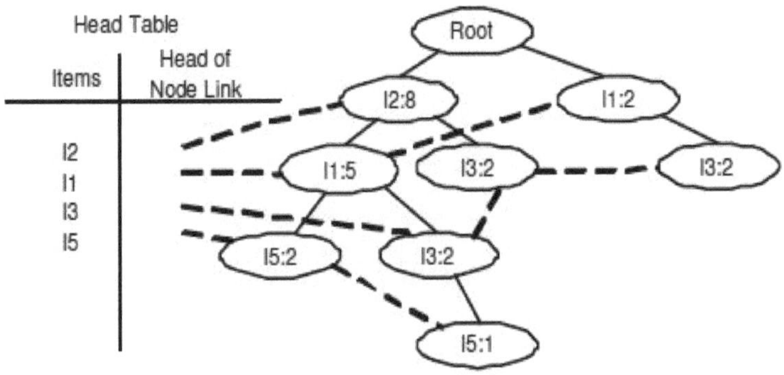

Figura 2.1.Resultado da árvore FP

Tomemos como exemplo a inserção da primeira transação na FPTree para ilustrar a função de *inserção* e a construção da FPTree que mencionámos acima. Após a reordenação, esta transação é (I_2, I_1 ,I_5), pelo que p é I_2 neste caso, enquanto P é (I_1 ,I_5). Em seguida, chamamos a função de *inserção*. Primeiro, procuramos e determinamos se o nó I_2 existe ou não na árvore; verifica-se *que* I_2 é um novo nó. De acordo com as regras, é criado um novo nó denominado I_2 com uma contagem de suporte de 1. Uma vez que T é a *Raiz*, o nó I_2 é ligado à Raiz e chama-se novamente a função de inserção. Neste momento, p é I_1 , P é I_5 , T é I_2 . O resultado da FPTree da base de dados é apresentado na Figura 2.1.

Os padrões frequentes são gerados a partir da árvore FP através do procedimento denominado FP-growth [22]. Com base na tabela principal e na árvore FP, os padrões frequentes podem ser facilmente gerados. O algoritmo funciona como se mostra. Por exemplo, eis todo o processo de obtenção de todos os conjuntos de itens frequentes relativos a I_5 . Em primeiro lugar, seguindo a tabela principal, encontramos a base de padrões deste nó, que são todos os caminhos que terminam neste nó. Para I_5 , a sua base de padrões é: (I_2 , I_1)(2) e (I_2 , I_1 , I_3)(1), o número entre parêntesis a seguir aos conjuntos de itens significa o suporte deste padrão. Em seguida, a contagem de todos os itens na base do padrão é acumulada, neste caso obtemos I_2 (3), I_1 (3) e I_3 (1). Ao verificar a contagem de suporte com o limiar de suporte mínimo, é gerada a FPTree condicional de I_5 (I_2 , I_1)(3). Consequentemente, gerámos os conjuntos de itens/padrões frequentes (I_2 , I_1 , I_5).

Input:

The FP-Tree *Tree*

Output:

R_t Complete set of frequent patterns Method: Call FP-growth(*Tree* ,null).

Procedure FP-growth (*Tree* , α)

{

if *Tree* contains a single path P;

then for each combination (denoted as β) of the nodes in the path P do

generate pattern $\beta \cup \alpha$ with support= minimum support of nodes in β;

else for each *ai* in the header of *Tree* do {

generate pattern $\beta = a_i \cup \alpha$ with support= *ai* . support;

construct β's conditional pattern base and then β's conditional FP-Tree $Tree_\beta$;

if $Tree_\beta \neq \emptyset$

then call FP-growth (*Tree*, β) }

}

A eficiência do algoritmo FP-Tree deve-se a três razões. Em primeiro lugar, a FP-Tree é uma representação comprimida da base de dados original, uma vez que apenas os itens frequentes são utilizados para construir a árvore, sendo podadas outras informações irrelevantes. Além disso, ao ordenar os itens de acordo com os seus apoios, as partes sobrepostas aparecem apenas uma vez com uma contagem de apoios diferente. Em segundo lugar, este algoritmo só efectua duas pesquisas na base de dados. Os padrões frequentes são gerados pelo procedimento FP-growth, construindo a árvore FP condicional que contém padrões com sufixos especificados, os padrões frequentes podem ser facilmente gerados como se mostra no exemplo acima. Além disso, o custo de computação diminui drasticamente. Em terceiro lugar, a Árvore-FP utiliza um método de divisão e conquista que reduz consideravelmente a dimensão da Árvore-FP condicional subsequente, sendo gerados padrões frequentes mais longos através da adição de um sufixo aos padrões frequentes mais curtos. Em [22,23] são apresentados exemplos que ilustram todos os pormenores deste processo de extração.

Todos os algoritmos têm as suas limitações. No caso da FP-Tree, é difícil utilizá-la num sistema de extração interactiva. Durante o processo de extração interactiva, os utilizadores podem alterar o limiar de apoio de acordo com as regras. No entanto, no caso da FP-Tree, a alteração do apoio pode levar à repetição de todo o processo de extração. Outra limitação da FP-Tree é o facto de não ser adequada para a extração incremental. Uma vez que, com o passar do tempo, as bases de dados estão sempre a mudar e podem ser inseridos novos conjuntos de dados na base de dados, essas inserções podem também levar à repetição de todo o processo se utilizarmos o algoritmo FP-Tree.

2.2.2.2. ***Extração rápida de regras de associação (RARM).*** O RARM [24] é outro método de extração de regras de associação que utiliza a estrutura em árvore para representar a base de dados original e evita o processo de geração de candidatos. O RARM é considerado muito mais rápido do que o algoritmo FP-Tree, de acordo com os resultados das experiências apresentadas no artigo original. Ao utilizar a estrutura SOTrieIT, o RARM pode gerar rapidamente grandes conjuntos de 1 e 2 itens sem ter de analisar a base de dados pela segunda vez e sem ter de gerar candidatos. À semelhança da FP-Tree, cada nó da SOTrieIT contém um item e a correspondente contagem de suporte. O processo de geração de grandes conjuntos de itens é o seguinte.
Pré-processamento, a base de dados é analisada para construir a TrieIT, o processo é semelhante ao processo de geração da FP-Tree. Para cada transação são extraídas todas as combinações possíveis de itemsets e para os items que já estão na TrieIT aumenta-se a sua contagem de suporte em 1, para os que ainda não existem na TrieIT os itemsets são inseridos na TrieIT com a correspondente contagem de suporte a ser 1. A diferença entre a FPTree e a TrieIT é que a TrieIT apenas aumenta a contagem de suporte dos itens do nó folha, enquanto a FP-Tree aumenta todas as contagens de suporte ao longo do caminho dos conjuntos de itens. Uma vez que a TrieIT armazena as contagens de suporte individualmente, requer um espaço de memória maior que pode não ser satisfeito, é introduzida a SOTrieIT (Support

Ordered Trie Itemset). Para construir a SOTrieIT apenas são extraídos os conjuntos de 1 e 2 itens de cada transação, o processo de construção é o mesmo que na construção da TrieIT, depois de todos os conjuntos de itens da mesma transação terem sido inseridos a árvore é ordenada por ordem decrescente de contagem de suporte, a SOTrieIT tem apenas dois níveis um é para os conjuntos de 1 e outro para os conjuntos de 2 itens, o resultado da SOTrieIT é mostrado na Figura 2.2. Comparando a Figura 2.2 com a Figura 2.1, podemos ver que o tamanho da SOTrieIT é muito mais pequeno do que o da TrieIT e pode ser guardado na memória principal.

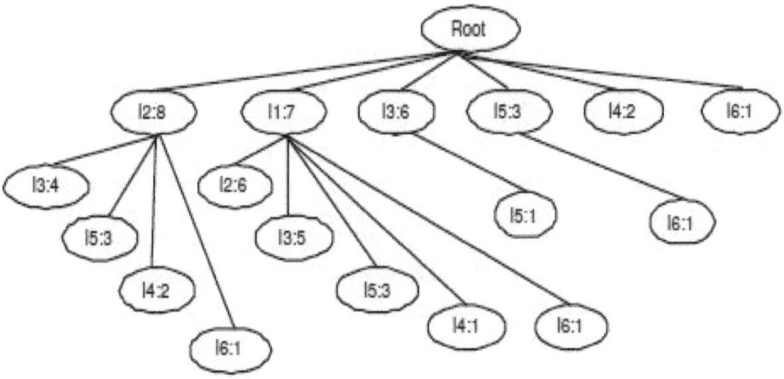

Figura 2.2. Resultado do SOTrieIT

O segundo processo é a extração de grandes conjuntos de itens, a árvore SOTrieIT é analisada numa abordagem de pesquisa em profundidade, a análise começa a partir do nó de primeiro nível mais à esquerda, se a contagem de apoio de um item no segundo nível não satisfizer o limiar de apoio mínimo, a travessia pára e move-se para outro nó de primeiro nível, se a contagem de apoio de um item no nó de primeiro nível não satisfizer o limiar de apoio mínimo, toda a travessia pára aqui, uma vez que todos os itens em SOTrieIT estão numa ordem descendente. Após a travessia, são gerados grandes conjuntos de 1 e 2 itens, e o algoritmo Apriori é utilizado para descobrir outros grandes conjuntos de itens. Uma vez que a geração de grandes conjuntos de 2 itens é o processo mais dispendioso durante o processo de extração, as experiências em [24] mostraram que a eficiência da geração de grandes conjuntos de 1 e 2 itens no algoritmo SOTrieIT melhora drasticamente o desempenho, o SOTrieIT é muito mais rápido do que a FP-Tree, mas o SOTrieIT também enfrenta o mesmo problema que a FP-Tree.

2.2.3. Algoritmos paralelos e distribuídos

Os algoritmos paralelos e distribuídos actuais baseiam-se no algoritmo em série Apriori. Uma excelente pesquisa apresentada em [25] classifica os algoritmos por estratégia de balanceamento de carga, arquitetura e paralelismo. Aqui centramo-nos no paralelismo utilizado: *paralelismo de dados* e *paralelismo de tarefas* [26]. Os dois paradigmas diferem no facto de o conjunto de candidatos ser ou não distribuído pelos processadores. No paradigma do paralelismo de dados, cada nó conta o mesmo conjunto de candidatos. No paradigma do paralelismo de tarefas, o conjunto de candidatos é particionado e distribuído pelos processadores, e cada nó conta um conjunto diferente de candidatos. No entanto, teoricamente, a base de dados pode ou não ser particionada em qualquer um dos paradigmas. Na prática, para uma E/S mais eficiente, assume-se normalmente que a base de dados está particionada e distribuída pelos processadores.

No paradigma do paralelismo de dados, um algoritmo representativo é o algoritmo de distribuição de contagens em [27]. Os candidatos são duplicados em todos os processadores e a base de dados é distribuída pelos processadores. Cada processador é responsável pelo cálculo das *contagens de apoio locais* de todos os candidatos, que são as contagens de apoio na sua partição da base de dados. De seguida, todos os processadores calculam as contagens *de apoio global* dos candidatos, que são as contagens de apoio total dos candidatos em toda a base de dados, trocando as contagens de apoio local (redução global). Subsequentemente, os grandes conjuntos de itens são calculados por cada processador de forma independente. O paradigma do paralelismo de dados é ilustrado na Figura 2.3 usando os dados da Tabela 2.1. As quatro transacções estão repartidas pelos três processadores, cabendo ao processador 3 as transacções T3 e T4, ao processador 1 a transação T1 e ao processador 2 a transação T2. Os três conjuntos de itens candidatos na segunda verificação são duplicados em cada processador. As contagens de suporte local são apresentadas após a pesquisa das bases de dados locais.

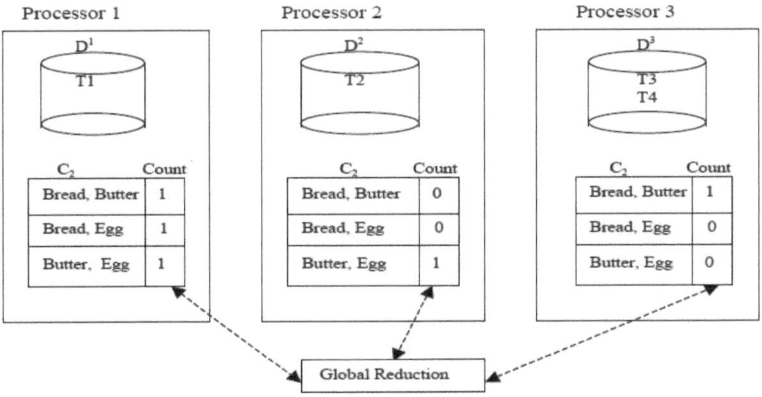

Figura 2.3. Paradigma do paralelismo de dados

No paradigma do paralelismo de tarefas, um algoritmo representativo é o algoritmo de distribuição de dados em [27]. O conjunto de candidatos é particionado e distribuído pelos processadores, tal como a base de dados. Cada processador é responsável por manter as contagens de suporte global de apenas um subconjunto dos candidatos. Esta abordagem requer duas rondas de comunicação em cada iteração. Na primeira ronda, cada processador envia a sua partição da base de dados a todos os outros processadores. Na segunda ronda, cada processador transmite os grandes conjuntos de itens que encontrou a todos os outros processadores para calcular os candidatos para a próxima iteração. O paradigma de paralelismo de tarefas é mostrado na Figura 2.4 usando os dados da Tabela 2.1. As quatro transacções são particionadas como no paralelismo de dados. Os três conjuntos de itens candidatos são particionados entre os processadores, tendo cada processador um conjunto de itens candidatos. Depois de analisar a base de dados local e as partições da base de dados transmitidas pelos outros processadores, é apresentada a contagem global de cada candidato.

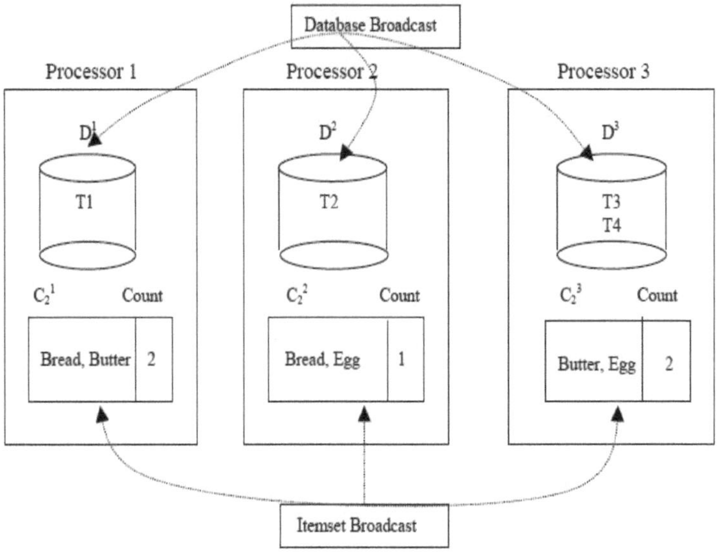

Figura 2.4. Paradigma do paralelismo de tarefas

2.2.1 Algoritmos de paralelismo de dados

Os algoritmos que adoptam o paradigma do paralelismo de dados incluem: CD [27], PDM [28], DMA [29], e CCPD [30]. Estes algoritmos paralelos diferem no facto de serem ou não utilizadas técnicas adicionais de poda de candidatos ou de contagem eficiente de candidatos. O algoritmo representativo CD (Distribuição de Contagem) é descrito em pormenor e, para os outros três algoritmos, apenas são descritas as técnicas adicionais introduzidas.

2.2.1.1 CD

Em CD, a base de dados D é particionada em $\{D^1, D^2 ..., D^n\}$ e distribuída por n processadores. Note-se que usamos o sobrescrito para indicar o número do processador, enquanto o subscrito indica o tamanho dos candidatos. O fragmento de programa de CD no processador i, $1 \leq i \leq p$. Existem basicamente três passos. No passo 1, são encontradas as contagens de suporte local dos candidatos Ck na partição Di da base de dados local. No passo 2, cada processador troca as contagens de apoio local de todos os candidatos para obter as contagens de apoio global de todos os candidatos. No passo 3, os grandes conjuntos de dados globais Lk são identificados e os candidatos de tamanho k+1 são gerados aplicando apriori_gen() a Lk em cada processador independentemente. CD repete os passos 1 - 3 até que não sejam encontrados mais candidatos. A CD foi implementada num computador paralelo IBM SP2, que não partilha nada e comunica através do High-Performance Switch.

2.2.1.2 PDM

O PDM (Parallel Data Mining) [31] é uma modificação do CD com a inclusão da técnica de hashing direto proposta em [28]. A técnica de hash é usada para podar alguns candidatos na próxima passagem. É especialmente útil para a segunda passagem, uma vez que o Apriori não tem qualquer poda na geração de C2 a partir de L1. Na primeira passagem, para além de contar todos os conjuntos de 1 item, o PDM mantém uma tabela de hash para armazenar as contagens dos conjuntos de 2 itens. Note-se que na tabela de hash não precisamos de armazenar os conjuntos de 2 elementos, mas apenas a contagem de cada conjunto. Por exemplo, suponha-se que {A, B} e {C} são itens grandes e que na tabela de hash para os conjuntos de 2 itens o conjunto que contém {AB, AD} é pequeno (a contagem para este conjunto é inferior à contagem mínima de suporte). O PDM não gerará AB como candidato de tamanho 2 pela técnica de hash, enquanto o Apriori gerará AB como candidato para a segunda passagem, uma vez que não pode ser obtida qualquer informação sobre os conjuntos de 2 itens na primeira passagem. Para a comunicação, na K[a] passagem, o PDM precisa de trocar as contagens locais na tabela de hash para k+1 conjuntos de itens, para além das contagens locais dos k conjuntos de itens candidatos.

2.2.1.3 DMA

O DMA (Distributed Mining Algorithm) [29] também se baseia no paradigma do paralelismo de dados, com a adição de técnicas de poda de candidatos e de técnicas de redução das mensagens de comunicação. Utiliza as contagens locais dos grandes conjuntos de itens em cada processador para decidir se um grande conjunto de itens é *pesado* (tanto localmente grande numa partição da base de dados como globalmente grande em toda a base de dados) e, em seguida, gera os candidatos a partir dos grandes conjuntos de itens pesados. Por exemplo, A e B são considerados pesados nos processadores 1 e 2, respetivamente, ou seja, A é globalmente grande e localmente grande apenas no processador 1, B é globalmente grande e localmente grande apenas no processador 2. O DMA não gerará AB como um conjunto de 2 itens candidato, enquanto o Apriori gerará AB por não ter em conta as contagens locais em cada processador. Para a comunicação, em vez de difundir as contagens locais de todos os candidatos como em CD, o DMA apenas envia as contagens locais para um local de sondagem, reduzindo assim o tamanho da mensagem de $O(p^2)$ para O(p). O DMA foi inicialmente implementado num sistema de rede distribuída, tendo sido melhorado para uma versão paralela FPM (Fast Parallel Mining) numa máquina paralela IBM SP2 [32].

2.2.1.4 CCPD

CCPD (Common Candidate Partitioned Database) [30] implementa a CD num SGI Power Challenge de memória partilhada com algumas melhorias. Propõe técnicas para gerar e contar eficientemente os candidatos num ambiente de memória partilhada. Agrupa os grandes conjuntos de itens em classes de equivalência com base nos prefixos comuns (normalmente o primeiro item) e gera os candidatos de cada classe de equivalência. Note-se que o agrupamento dos grandes conjuntos de itens não reduzirá o número de candidatos, mas reduzirá o tempo de geração dos candidatos. Introduz também um método de verificação de subconjuntos em curto-circuito para uma contagem eficiente dos candidatos para cada transação.

2.2.2 Algoritmos de paralelismo de tarefas

Os algoritmos que adoptam o paradigma do paralelismo de tarefas incluem: DD [27], IDD [33], HPA [34] e PAR [35]. Todos eles particionam os candidatos, bem como a base de dados, entre os processadores. Diferem na forma como os candidatos e a base de dados são particionados. O algoritmo representativo DD (Distribuição de Dados) [27] é descrito em mais pormenor e, para os outros algoritmos, apenas são analisadas as diferentes técnicas.

2.2.2.1 DD

Na DD (distribuição de dados) [27], os candidatos são particionados e distribuídos por todos os processadores de forma round-robin. Há três etapas. No primeiro passo, cada processador analisa a partição local da base de dados para obter as contagens locais dos candidatos que lhe foram distribuídos. No segundo passo, cada processador transmite a sua partição da base de dados aos outros processadores e recebe as outras partições da base de dados dos outros processadores, analisando depois as partições da base de dados recebidas para obter as contagens globais de apoio em toda a base de dados. Na última etapa, cada processador calcula os conjuntos de itens grandes na sua partição candidata, troca com todos os outros para obter todos os conjuntos de itens grandes e, em seguida, gera os candidatos, particiona e distribui os candidatos por todos os processadores. Estes passos continuam até não haver mais candidatos gerados. Note-se que a sobrecarga de comunicação da difusão das partições da base de dados pode ser reduzida através da comunicação assíncrona [27], que sobrepõe a comunicação e a computação.

2.2.2.2 IDD

A IDD (Distribuição Inteligente de Dados) é uma melhoria da DD [33]. Divide os candidatos entre os processadores com base no primeiro item dos candidatos, ou seja, os candidatos com o mesmo primeiro item serão divididos na mesma partição. Por conseguinte, cada processador só precisa de verificar os subconjuntos que começam com um dos itens atribuídos ao processador. Isto reduz a computação redundante em DD, uma vez que para DD cada processador precisa de verificar todos os subconjuntos de cada transação, o que introduz muita computação redundante. Para conseguir uma distribuição equilibrada da carga dos candidatos, utiliza uma técnica de bin-packing para particionar os candidatos, ou seja, começa por calcular, para cada item, o número de candidatos que começam com esse item específico e, em seguida, utiliza um algoritmo de bin-packing para atribuir os itens às partições de candidatos, de modo a que o número de candidatos em cada partição seja igual. Também adopta uma arquitetura em anel para reduzir a sobrecarga de comunicação, ou seja, utiliza comunicação assíncrona ponto a ponto entre vizinhos no anel em vez de difusão.

2.2.2.3 HPA

O HPA (Hash-based Parallel mining of Association rules) utiliza uma técnica de hashing para distribuir os candidatos por diferentes processadores [34], ou seja, cada processador utiliza a mesma função de hash para calcular os candidatos que lhe são distribuídos. Ao contar, move os subconjuntos de itens das transacções para os seus processadores de destino através da mesma técnica de hash, em vez de mover as partições da base de dados entre os processadores. Assim, um subconjunto de itens de uma transação só vai para um processador em vez de n. O HPA foi melhorado com a utilização da técnica de tratamento de distorções [34]. O tratamento de distorções consiste em duplicar alguns candidatos se houver memória principal disponível em cada processador, para que a carga de trabalho de cada processador seja mais equilibrada.

2.2.2.4 PAR

O PAR (Parallel Association Rules) [35] consiste num conjunto de algoritmos que utilizam diferentes partições e contagens de candidatos. Todos eles assumem uma partição vertical da base de dados (listas de tarefas para cada item), em contraste com a partição horizontal natural da base de dados (listas de transacções). Ao utilizar a organização vertical da base de dados, a contagem de um conjunto de itens pode ser efectuada simplesmente através da intersecção das listas tid dos itens do conjunto de itens. No entanto, é necessária uma transformação para a partição vertical, se a base de dados estiver organizada horizontalmente. A base de dados pode ser duplicada seletivamente para reduzir a sincronização. Dois dos algoritmos (Par-Eclat e Par-MaxEclat) usam a classe de equivalência baseada no primeiro item dos candidatos, enquanto os outros dois (Par-Clique e Par-MaxClique) usam o clique máximo do hipergrafo para particionar os candidatos. Note-se que, no hipergrafo, um vértice é um item, uma aresta entre k vértices corresponde a um conjunto de itens que contém os itens associados aos k vértices, e uma clique é um subgrafo com todos os vértices nele ligados. Uma caraterística dos algoritmos (Par-MaxEclat e Par-MaxClique) é o facto de poderem encontrar os conjuntos de itens máximos (os conjuntos de itens que não são subconjuntos dos outros). A contagem dos conjuntos de itens pode ser efectuada de baixo para cima, de cima para baixo ou de forma híbrida. Uma vez que os algoritmos necessitam dos grandes conjuntos de 2 itens para particionar os candidatos (por classe de equivalência ou por clique hipergráfico), utilizam um passo de pré-processamento para reunir as ocorrências de todos os conjuntos de 2 itens.

2.3 Extração **de regras genéticas**:

Embora os AG não tenham sido concebidos especificamente para a aprendizagem, mas sim como algoritmos de pesquisa global, oferecem um conjunto de vantagens para a aprendizagem automática. Muitas metodologias de aprendizagem automática baseiam-se na procura de um bom modelo dentro do espaço de modelos possíveis. Neste sentido, são muito flexíveis porque o mesmo AG pode ser utilizado com diferentes representações. Os processos de aprendizagem genética abrangem diferentes níveis de complexidade de acordo com as alterações estruturais produzidas pelo algoritmo, desde o caso mais simples de otimização de parâmetros até ao nível mais elevado de complexidade para a aprendizagem do conjunto de regras de um sistema baseado em regras, através da abordagem de codificação e da cooperação ou competição entre cromossomas.

Se considerarmos um sistema baseado em regras e nos concentrarmos nas regras de aprendizagem, os diferentes métodos de aprendizagem genética seguem duas abordagens para codificar as regras numa população de indivíduos [36]:

- O "Cromossoma = Conjunto de regras", também designado por abordagem de Pittsburgh, em que cada indivíduo representa um conjunto de regras [37]. Neste caso, um cromossoma evolui uma Base de Regras (RB) completa e compete entre si ao longo do processo evolutivo. O GASSITS e o GABIL são propostas que seguem esta abordagem [38,39,40].
- A abordagem "Cromossoma = Regra", em que cada indivíduo codifica uma única regra, e todo o conjunto de regras é obtido através da combinação de vários indivíduos numa população (cooperação de regras) ou através de diferentes corridas evolutivas (competição de regras). No âmbito da abordagem "Cromossoma = Regra", existem três propostas genéricas:

Abordagem de Michigan, em que cada indivíduo codifica uma regra de associação. Este tipo de sistemas é normalmente designado por sistemas de aprendizagem de classificadores [41]. São sistemas baseados em regras e na passagem de mensagens que utilizam a aprendizagem por reforço e um AG para aprender regras que orientam o seu desempenho num determinado ambiente. O AG é utilizado para detetar novas regras que substituem as más regras através da competição entre os cromossomas no processo evolutivo. Um estudo interessante sobre o tema pode ser encontrado em [42].

Abordagem **IRL** (Iterative Rule Learning), em que cada cromossoma representa uma regra.
Os cromossomas competem em cada execução do AG, escolhendo a melhor regra por execução. A solução global
é formado pelas melhores regras obtidas quando o algoritmo é executado várias vezes. O SIA [43] é um
proposta que segue esta abordagem.

A abordagem **GCCL** (aprendizagem genética cooperativa-competitiva), em que a população completa ou um subconjunto da mesma codifica a RB. Neste modelo, os cromossomas competem e cooperam simultaneamente. O COGIN [44] é um exemplo desta representação.
Na literatura, podemos encontrar trabalhos interessantes baseados na abordagem de Michigan [45, 46] e na IRL
[47,48] para a extração de regras de associação a partir de dados quantitativos.

2.3.1 Algoritmos baseados na genética

- EARMGA [46]: Baseia-se na descoberta de regras de associação quantitativas.
- GAR [48]: Procura por conjuntos de itens frequentes lidando com domínios numéricos.
- GENAR [47]: Extrai diretamente as regras de associação através do tratamento de domínios numéricos.

Um cromossoma na EARMGA codifica uma regra k generalizada, em que k indica o comprimento desejado. Como podemos lidar com regras de associação com mais de um item no consequente, o primeiro gene armazena um índice que representa o fim da parte antecedente. Para codificar exclusivamente uma regra num cromossoma, os atributos antecedentes e consequentes são ordenados em dois segmentos por ordem crescente. De seguida, os restantes k genes codificam itens. Cada item é representado por um par de valores, em que o primeiro valor é o índice de um atributo que varia entre 1 e o número máximo de atributos na base de dados, enquanto o segundo representa um intervalo vazio. Os autores definiram um intervalo vazio como a união de um número finito de intervalos de base obtidos após a realização de um processo de discretização uniforme sobre todos os atributos da base de dados. Note-se que não é necessário particionar os domínios dos atributos categóricos, porque aqui os limites inferior e superior coincidem basicamente. No entanto, um intervalo de base é sempre representado por um número inteiro, independentemente do tipo de atributos com que lidamos. Consequentemente, um intervalo aberto é um conjunto destes números inteiros. Vamos agora dar alguns detalhes sobre os operadores genéticos aplicados a cada cromossoma:

- Seleção: é conseguida calculando o valor de aptidão juntamente com um número aleatório, de modo a que o cromossoma só seja selecionado se este produto for inferior a uma determinada probabilidade de seleção (ps).
- Cruzamento: todos os cromossomas selecionados têm a possibilidade de reproduzir descendentes com uma probabilidade de cruzamento (pc). Esta operação consiste simplesmente na troca de um segmento de genes entre o primeiro cromossoma e o segundo e vice-versa, em função de dois pontos de cruzamento gerados aleatoriamente.

- Mutação: considerando uma probabilidade de mutação (pm) e o valor de aptidão, um cromossoma é alterado de forma a que a fronteira entre os atributos antecedentes e os atributos consequentes possa ser alterada dentro da mesma regra. Para além disso, o operador escolhe aleatoriamente um gene e modifica o índice do atributo juntamente com o intervalo de intervalo associado ao mesmo. Repare-se que o novo intervalo vazio é sempre uma união de intervalos de base que formam agora um subdomínio do novo atributo.

Finalmente, o problema da extração de regras de associação foi reformulado pelos autores deste trabalho porque
o algoritmo procura regras de associação k apenas considerando valores de aptidão dados por uma medida de interesse conhecida como confiança positiva [46].

Em contrapartida, **a GAR** segue estratégias diferentes. Em primeiro lugar, um cromossoma é composto por um número variável de genes, entre 2 e n, em que n é o número máximo de atributos. No entanto, como encontramos conjuntos de itens frequentes com este método, é depois necessário executar outro procedimento para gerar regras de associação. Para além disso, não é necessário discretizar a priori o domínio dos atributos, uma vez que cada gene é representado por um limite superior e um limite inferior, juntamente com um identificador para esse atributo. Recordemos brevemente os operadores genéticos deste método:

- Seleção: seleciona simplesmente uma percentagem (ps) dos cromossomas da população atual que têm a melhor aptidão. Estes serão os primeiros indivíduos da nova população.

- Crossover: a população recém-criada é completada pela reprodução da descendência até atingir o tamanho desejado. Para o efeito, os pais são escolhidos aleatoriamente com uma probabilidade de pc. Assim, só obtemos duas descendências diferentes quando os pais têm genes que contêm o mesmo atributo. Nesse caso, os seus intervalos poderiam ser simplesmente trocados considerando todas as combinações possíveis entre eles, mas, no final, devem ser sempre gerados dois cromossomas. Finalmente, apenas o melhor será adicionado à população.
- Mutação: como habitualmente, com a probabilidade de pm, altera um gene de tal forma que cada limite pode diminuir ou aumentar aleatoriamente o seu valor.

A sua função de aptidão tende a recompensar os conjuntos de itens frequentes que têm um suporte elevado, bem como uma elevada
número de atributos. Além disso, penaliza os conjuntos de itens frequentes que já cobriram um registo na base de dados e cujos intervalos são demasiado grandes.

O GENAR foi a primeira tentativa dos mesmos autores do GAR para lidar com domínios contínuos. Aqui um
O cromossoma é codificado como uma regra de associação que contém intervalos, como no caso da GAR. No entanto, o comprimento das regras é sempre fixado ao número de atributos e só o último atributo forma o consequente. Considerações semelhantes podem ser tidas em conta na definição dos operadores genéticos, exceto no caso do cruzamento, que utiliza uma estratégia de um ponto para reproduzir os cromossomas descendentes [47]. Em contrapartida, a sua função de aptidão apenas tem em conta a contagem do suporte das regras e pune aquelas que já cobriram os mesmos registos na base de dados.

2.2.5 Algoritmos baseados em pesos:

O modelo tradicional de extração de regras de associação é adaptado para lidar com problemas de extração de regras de associação ponderadas, em que cada item pode ter um peso. O objetivo é orientar o foco da extração para as relações significativas que envolvem itens com pesos significativos, em vez de ser inundado pela explosão combinatória de relações insignificantes.

O modelo tradicional de extração de regras de associação (ARM) parte do princípio de que os itens têm o mesmo significado sem ter em conta o seu peso/atributos numa transação ou em todo o espaço de itens. Mas nem sempre é esse o caso. Por exemplo, [vinho→ salmão, 1%, 80%] pode ser mais importante do que [pão→ leite, 3%, 80%], apesar de o primeiro ter um apoio menor. Isto deve-se ao facto de os itens da primeira regra terem normalmente mais lucro por unidade de venda, mas o MRA padrão ignora simplesmente esta diferença.

A maioria dos trabalhos sobre o algoritmo Apriori tradicional utiliza a estrutura métrica "grande - suporte". No entanto, estes trabalhos continuam a considerar os itens como tendo pesos iguais, embora tentem distingui-los utilizando vários métodos.

Wei Wang et al. propuseram uma metodologia de extração eficiente para as Regras de Associação Ponderadas (**RAP**) [51]. A ideia é inspirada no facto de poder ser atribuído um atributo numérico a cada item que, por sua vez, avalia o peso do item num determinado domínio de peso. Por exemplo, refrigerante [4,6] → salgadinho [3,5] é uma regra de associação ponderada direcionada, o que significa que se um cliente comprar refrigerante numa quantidade entre 4 e 6 garrafas, é provável que compre 3 a 5 sacos de salgadinhos. O WAR utiliza uma abordagem dupla em que os conjuntos de itens frequentes são gerados através de algoritmos normais de extração de regras de associação sem considerar o peso. O pós-processamento é então aplicado aos conjuntos de itens frequentes durante a geração de regras para obter os WARs máximos. O WAR não interfere com o processo de geração de conjuntos de itens frequentes. Em vez disso, centra-se na forma como as regras de associação ponderadas podem ser geradas, examinando os factores de ponderação dos itens incluídos nos conjuntos de itens frequentes gerados. Por conseguinte, podemos classificar este tipo de métodos de extração de regras de associação ponderadas como uma técnica de pós-processamento ou de manutenção de regras de associação.

Han et al. [50] propuseram uma solução em que foi utilizada uma hierarquia de conceitos e as regras de associação foram classificadas em vários níveis conceptuais de granularidade. Esta ideia inspira o trabalho em [52], onde o modelo de regras de associação existente é alargado para permitir que os utilizadores especifiquem múltiplos limiares de apoio. No modelo alargado, o limiar de apoio é expresso em termos de *suportes mínimos de itens (MIS)* dos itens que aparecem na regra. A principal caraterística desta técnica é que o utilizador pode especificar um limiar de apoio diferente para cada item, à semelhança do cenário de atribuição de pesos aos itens. Esta técnica pode descobrir regras de itens raros sem fazer com que os itens frequentes gerem demasiadas regras desnecessárias. O modelo de Liu também quebra a "propriedade de fecho descendente". O problema é resolvido através da utilização de uma "propriedade de fecho ordenado", em que os itens no espaço de itens são ordenados por ordem crescente dos seus valores MIS

No algoritmo WARM de Feng Tao et [49], para utilizar o peso no processo de extração, os conjuntos de itens já não são simplesmente contados à medida que aparecem numa transação. Esta alteração do mecanismo de contagem torna necessário adaptar o suporte tradicional ao suporte ponderado. O objetivo da utilização do suporte ponderado é utilizar o peso no processo de extração e dar prioridade à seleção de conjuntos de itens-alvo de acordo com a sua importância no conjunto de dados, e não apenas com a sua frequência.

Um conjunto de itens é considerado *grande* se o seu suporte for superior a um limiar de suporte mínimo predefinido. No contexto do WARM, dizemos que um conjunto de itens *é significativo* se o seu *suporte ponderado* for superior a um limiar mínimo de suporte ponderado predefinido.

De facto, os valores de limiar especificados pelo utilizador são da margem de significância do ponto de vista do custo. Este método pode ser mais significativo do que especificar apenas um limiar de apoio relativamente arbitrário. Por exemplo, no cenário do supermercado, suponhamos que atribuímos um peso a cada um dos artigos de acordo com o lucro que gera para a loja, em vez de simplesmente contar e calcular a percentagem de transacções que contêm o conjunto de artigos. É calculado de acordo com o suporte ponderado

Suporte ponderado *WSP* de um conjunto de itens. Um conjunto de transacções T respeita uma regra R na forma A→ B, em que A e B são subconjuntos não vazios do espaço de itens I e não partilham nenhum item em comum. O seu suporte ponderado é a fração do peso das transacções que contém tanto A como B em relação ao peso de todas as transacções.

Desta forma, o suporte ponderado é modelado para quantificar a quota real de um conjunto de itens no espaço de transação no cenário de extração de regras de associação ponderadas.

O suporte ponderado de um conjunto de itens pode ser definido como o produto do peso total do conjunto de itens (soma dos pesos dos seus itens) e o peso da fração de transacções em que o conjunto de itens ocorre. O objetivo da extração de regras de associação ponderadas é então alterado para determinar todas as regras que se situam acima de um limiar mínimo de apoio ponderado especificado pelo utilizador, mantendo uma confiança mínima especificada pelo utilizador. Para calcular o suporte ponderado de um conjunto de itens, é necessário um método para avaliar o peso da transação.

O peso da transação (*tk*) pode ser obtido a partir dos pesos dos artigos apresentados na transação. Note-se que $ws_t(t_k)$denota o espaço de transação interno para a k-ésima transação no espaço de transação WS_T.

O valor da ponderação da transação é utilizado para calcular o suporte ponderado de um conjunto de itens potencialmente significativo. O conjunto de itens é então validado como significativo se o seu suporte ponderado for superior ao suporte ponderado mínimo predefinido.

O pressuposto crítico do algoritmo Apriori é que se o conjunto de itens é grande, então todos os seus subconjuntos também são grandes. Isto permite que o algoritmo construa conjuntos de itens grandes de tamanho crescente, adicionando itens a conjuntos de itens que já são considerados grandes.

No caso em que o peso do item é utilizado para ajustar os valores de apoio dos conjuntos de itens potencialmente grandes, a situação revela-se consideravelmente mais complexa. O pressuposto discutido na subsecção anterior já não se mantém. Devido ao ajustamento do suporte, um conjunto de itens pode ser grande mesmo que alguns dos seus subconjuntos não sejam grandes. Isto viola a propriedade de fecho descendente, como se pode ver na Tabela 2.5(a,b,c)

Isto também demonstra que não podemos simplesmente utilizar o peso para influenciar o valor de apoio no processo de extração.

Como se pode ver na Tabela 2.5(a,b,c), os pesos dos itens A, C e D são deliberadamente enviesados, de modo a que A e C representem algo de menos importante, enquanto o peso relativamente elevado de D lhe confere maior significado no espaço de itens. Inspeccionamos agora dois grandes conjuntos de itens de tamanho 2 e um grande conjunto de itens de tamanho 3, que é a combinação de dois *grandes conjuntos de 2 itens*. No MRA tradicional, quando o peso não é considerado, todos os três conjuntos de itens são grandes, pois os seus suportes estão acima do limiar min_sup. No entanto, se considerarmos os pesos dos itens, calcularmos os pesos do conjunto de itens de acordo com o que foi discutido anteriormente e enviesarmos o apoio multiplicando-o pelo peso do conjunto de itens, obtém-se um novo conjunto de valores de apoio ajustado (*AS*).

Quadro 2.5(a,b,c)

Quadro 2.5(a)Itens com peso (b) transacções

min_sup=0,3		Transacções
Artigos	Peso	A B C D
A	0.85	B D
B	1	A D
C	0.85	A B D E
D	1.55	A B C D E
E	1	B D E

Quadro 2.5(c) apoio ajustado pelo peso do item

grandes conjuntos de 2&3 itens	peso	apoio	grande?	por peso	grande?
AC	0.85	0.33333	SIM	0.23333	NÃO
AD	1.2	0.66667	SIM	0.8	SIM

ACD	1.083333	0.33333	SIM	0.36111	SIM

mostra que, embora o AS do conjunto de itens "AC" seja agora inferior ao suporte mínimo (0,3) e, por conseguinte, "AC" já não seja grande, não podemos excluir a possibilidade de o seu superconjunto, "ACD", ser grande, como acontece no MRA tradicional. Neste exemplo, o peso elevado do item D dá origem ao peso do conjunto de itens "ACD" que, no final, faz com que o seu apoio ajustado seja superior ao apoio mínimo.

A violação da "propriedade de fecho descendente" foi também abordada em [53], em que é atribuído um fator para ajustar o limiar de apoio mínimo em conformidade, de modo a relaxar a fronteira restringida pela propriedade de fecho descendente. No entanto, o grau de relaxamento varia consoante as circunstâncias. Isto exige um mecanismo muito delicado para fornecer um valor adequado do fator e, em muitos casos, como o autor também sugere, é extremamente difícil encontrar um mecanismo genérico para determinar o fator de relaxamento.

CAPÍTULO 3

ALGORITMOS PROPOSTOS E COMPARADOS

3.1 ALGORITMO APRIORI:

Agrawal e Srikant [5] foram os primeiros a propor o algoritmo Apriori, que representou um grande avanço na área da extração de regras de associação. Foi desenvolvido como um melhoramento do primeiro algoritmo para gerar regras de associação com confiança e todos os conjuntos de itens frequentes, que foi o algoritmo AIS de Agrawal et al.[4]. O AIS era um método simples que exigia muitas passagens pela base de dados, o que resultava num número excessivo de conjuntos de itens candidatos, entre os quais a maioria dos conjuntos de itens não era frequente. O Apriori é um algoritmo muito melhorado, que utiliza diferentes passos para a geração de candidatos e para a remoção de conjuntos de itens de acordo com a propriedade Apriori. A propriedade Apriori diz que todos os subconjuntos não vazios de conjuntos de itens frequentes deduzidos pela geração de candidatos também devem ser frequentes.

O algoritmo Apriori utiliza duas fases para calcular os grandes conjuntos de itens frequentes a partir da base de dados. A primeira fase consiste em gerar conjuntos de objectos candidatos utilizando a função *de geração apriori* e a segunda fase consiste em testar a contagem de apoio do conjunto de objectos gerado, analisando a base de dados. Na pesquisa inicial da base de dados, é calculada a contagem de apoio de cada item e, através da eliminação dos conjuntos de itens abaixo da contagem mínima de apoio, obtém-se o conjunto de 1 item grande. Para calcular rapidamente a contagem de apoio, a geração eficiente de candidatos C_k é efectuada com a ajuda da função de *subconjunto*. Após a *(k-1)*ª passagem pela base de dados e juntando os *k-1* conjuntos de itens frequentes, obtêm-se *os* k *conjuntos de itens* candidatos. Os conjuntos de itens candidatos são eliminados de acordo com a propriedade Apriori, segundo a qual todos os *k conjuntos de itens* candidatos verificam os seus subconjuntos de itens (*k-1*) e, se algum dos seus subconjuntos de itens não for frequente, os k *conjuntos de* itens candidatos são eliminados:

Input: database D

Minimum Support Threshold = α

Minimum Confidence Threshold = β

Output:

A_t Association rules from D

Steps:

Initially k =1,L_k= large k-itemsets;

k=2

while($L_{k-1} \neq \emptyset$) do begin

C_k =*apriori-gen*(L_{k-1}); // It will generates new candidate itemsets from L_{k-1}.

for all transactions T $\in$ D

do begin

C_t=*subset*(C_k,T); //candidate itemsets contained in T.

for all candidates C $\in C_t$ do

S_Count(C)=S_Count(C)+1; // increments support count of C by 1

end

L_k={C $\in C_t$ |S_Count(C) $\geq \alpha$ }

End

$L_f = \cup_k L_k$;

k++;

end

A função apriori-gen recebe como argumento L_{k-1} , o conjunto de todos os conjuntos de itens grandes (k - 1). Devolve um
superconjunto do conjunto de todos os k-itemsets grandes. A função funciona da seguinte forma.

```
Method: apriori_gen()
Input: set of all large (k-1)-itemsets Lk-1
Output: A superset of the set of all large k-itemsets
//Join step
Ii = Items i
insert into Ck
Select p.I1, p.I2, ....... , p.Ik-1, q .Ik-1
From Lk-1 is p, Lk-1 is q
Where p.I1 = q.I1 and ...... and p.Ik-2 = q.I k-2 and p.Ik-1 < q.Ik-1.
//pruning step
forall itemsets c ∈Ck do
forall (k-1)-subsets s of c do
If (s∉ Lk-1) then
delete c from Ck
```

Considere o exemplo dado na Tabela 3.1 para ilustrar o apriori_gen(). Os grandes conjuntos de itens após a terceira passagem são mostrados na primeira coluna. Suponha que uma transação contém {Apple, Bagel, Chicken, Eggs, DietCoke}. Depois de juntar L3 com ela própria, C4 será {{Apple, Bagel, Chicken, DietCoke}, {Apple, Chicken, DietCoke, Eggs}. O passo de poda elimina o conjunto de itens {Apple, Chicken, DietCoke, Eggs} porque o seu subconjunto com 3 itens {Apple, DietCoke, Eggs} não está em L3.

Tabela 3.1 Encontrar conjuntos de candidatos utilizando Apriori_gen( )

Conjuntos de itens grandes na terceira passagem (L3)	Juntar (L3, L3)	Conjuntos candidatos do quarto passar (C4 após poda)
{Maçã, pãozinho, frango, {Maçã, Bagel, Coca-Cola Diet,} {Maçã, Galinha, Coca-Cola Dietética,} {Maçã, galinha, ovos,} {Baguete, Frango, Coca-Cola Dietética}	{Maçã, pãozinho, Galinha, DietCoke}, {Maçã, Galinha, Ovos de Coca-Cola Diet}}	{Maçã, pãozinho, frango, DietCoke}}

Função de subconjunto: Os conjuntos de itens candidatos Ck são armazenados numa árvore de hash. Um nó da árvore de hash contém uma lista de conjuntos de itens (um nó folha) ou uma tabela de hash (um nó interior). Num nó interior, cada balde da tabela de hash aponta para outro nó. A raiz da árvore de hash é definida como estando na profundidade 1. Um nó interior na profundidade d aponta para nós na profundidade d+1. Os conjuntos de itens são armazenados nas folhas. Quando adicionamos um conjunto de itens c, começamos na raiz e descemos a árvore até chegarmos a uma folha. Num nó interior à profundidade d, decidimos que ramo seguir aplicando uma função hash ao d-ésimo item do conjunto de itens. Todos os nós são inicialmente criados como nós folha. Quando o número de conjuntos de itens num nó folha excede um limite especificado, o nó folha é convertido num nó interior.

Começando pelo nó raiz, a função de subconjunto encontra todos os candidatos contidos numa transação t da seguinte forma. Se estivermos numa folha, descobrimos quais dos conjuntos de itens na folha estão contidos em t e adicionamos referências a eles ao conjunto de respostas. Se estivermos num nó interior e o tivermos alcançado através do hash do item i, fazemos o hash de cada item que vem a seguir a i em t e aplicamos recursivamente este procedimento ao nó no balde correspondente. Para o nó raiz, efectuamos o hash em cada item em t.

Para perceber porque é que a função de subconjunto devolve o conjunto de referências pretendido, considere-se o que acontece no nó raiz. Para qualquer conjunto de itens c contido na transação t, o primeiro item de c tem de estar em t. Na raiz, ao fazer o hashing em todos os itens de t, garantimos que apenas ignoramos os conjuntos de itens que começam com um item que não está em t. Argumentos semelhantes aplicam-se a profundidades inferiores. O único fator adicional é que, uma vez que os itens em qualquer conjunto de itens estão ordenados, se chegarmos ao nó atual através do hashing do item i, só precisamos de considerar os itens em t que ocorrem depois de i.

A Figura 3.1 ilustra como o algoritmo Apriori funciona no Exemplo 1 [do capítulo 2]. Inicialmente, cada item do conjunto de itens é considerado como um conjunto de itens candidatos de 1 item. Assim, C1 tem quatro conjuntos de 1 item candidato que são {Pão}, {Manteiga}, {Ovos} e {Leite}. L1 consiste nos conjuntos de 1 item de C1 com apoio maior ou igual a 0,4. C2 é formado juntando L1 com ele próprio e eliminando quaisquer conjuntos de itens que tenham subconjuntos que não estejam em L1. Desta forma, obtemos C2 como {{Manteiga de pão}, {Ovos de pão}, {Ovos de manteiga}}. Contando o suporte de C2, L2 é {{Bread Butter}, {Butter Eggs}}. Usando apriori_gen(), não obtemos nenhum conjunto de itens candidato para a terceira ronda. Isto deve-se ao facto de as condições para juntar L2 a si próprio não serem satisfeitas.

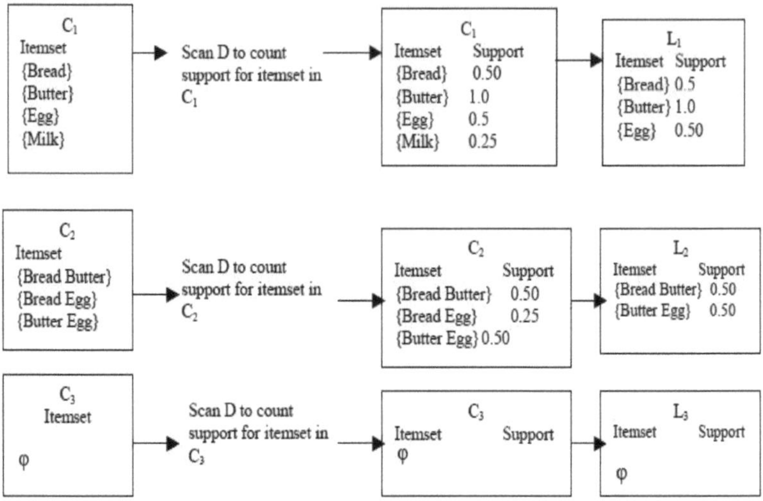

Figura 3.1. Descoberta de grandes conjuntos de itens utilizando o algoritmo Apriori

O Apriori tem sempre um desempenho superior ao do AIS e do SETM [5]. Recorde-se o exemplo dado na Tabela 3.1. O Apriori gera apenas um candidato ({Apple, Bagel, Chicken, DietCoke}) na quarta ronda. Por outro lado, o AIS e o SETM geram cinco candidatos que são {Apple, Bagel, Chicken, DietCoke}, {Apple, Bagel, Chicken, Eggs}, {Apple, Bagel, DietCoke, Eggs}, {Apple, Chicken, DietCoke, Eggs} e {Bagel, Chicken, DietCoke, Eggs}. Como sabemos, os grandes conjuntos de itens são descobertos depois de contar os apoios dos candidatos. Por conseguinte, são necessárias contagens de suporte desnecessárias se se seguir o AIS ou o SETM.

O Apriori incorpora a gestão de buffers para lidar com o facto de todos os grandes conjuntos de itens L_{k-1} e os conjuntos de itens candidatos Ck que têm de ser armazenados na fase de geração de candidatos de uma passagem k poderem não caber na memória. Pode surgir um problema semelhante durante a fase de contagem, em que é necessário armazenar C_k e pelo menos uma página para guardar as transacções da base de dados [5]. [5] considerou duas abordagens para lidar com estas questões. Primeiro, assumiram que L_{k-1} cabe na memória mas Ck não. Os autores resolvem este problema modificando apriori_gen() de modo a gerar um número de conjuntos candidatos $\overline{C_k}$ que caibam na memória. Os grandes conjuntos de itens L_k resultantes de $\overline{C_k}$ são escritos no disco, enquanto os conjuntos pequenos são apagados. Este processo continua até que todo o Ck tenha sido medido. O segundo cenário é o facto de L_{k-1} não caber na memória. Este problema é resolvido ordenando L_{k-1} externamente [21]. É introduzido na memória um bloco de L_{k-1} em que os primeiros (k-2) itens são iguais. Os blocos de L_{k-1} são lidos e são gerados candidatos até a memória ficar cheia. Este processo continua até que todos os Ck tenham sido contados.

O desempenho do Apriori foi avaliado através da realização de várias experiências de descoberta de grandes conjuntos de itens numa estação de trabalho IBM RS/6000 530 H com uma velocidade de relógio da CPU de 33 MHz, 64 MB de memória principal e executando o AIX 3.2. Os resultados experimentais mostram que o algoritmo Apriori tem sempre um desempenho superior ao do AIS e do SETM [5].

No processo de procura de conjuntos de itens frequentes, o Apriori evita o desperdício de esforço de contar os conjuntos de itens candidatos que se sabe serem pouco frequentes. Os candidatos são gerados através da junção dos conjuntos de itens frequentes por níveis, e os candidatos são também eliminados de acordo com a propriedade Apriori. Como resultado, o número de conjuntos de itens candidatos restantes prontos para a verificação de suporte adicional torna-se muito menor, o que reduz drasticamente a computação, o custo de E/S e a necessidade de memória.

3.2 ALGORITMO EARMGA

O EARMGA foi desenvolvido por YanZhangZhang em 2009 para o avanço sobre o ARMGA [45,46]. O ARMGA foi concebido apenas para a extração de regras de associação booleanas. O EARMGA é uma forma expandida do ARMGA desenvolvida para regras de associação generalizadas [54] [55]. O algoritmo genético é utilizado principalmente para a pesquisa eficiente, particularmente quando as técnicas de pesquisa determinística são menos eficazes devido ao grande tamanho da base de dados a ser pesquisada.

O problema da extração quantitativa de regras de associação tem um espaço de pesquisa muito maior do que o problema da extração booleana. No caso do problema de extração booleana, cada atributo tem apenas um dos dois valores, VERDADEIRO e FALSO. Por outro lado, cada atributo quantitativo pode ter uma enorme quantidade de valores que aparecem na base de dados. Se particionarmos o domínio de valores de um atributo quantitativo em intervalos, deve haver ainda muitos intervalos a considerar. Além disso, é necessário ter em conta as combinações destes intervalos. Por conseguinte, podemos obter muito mais regras do que as que um decisor pode processar. Embora seja possível diminuir a quantidade de regras de associação geradas especificando adequadamente os limiares, como o suporte mínimo e o nível de interesse, o número de regras produzidas pode ser imprevisível.

Em resumo, o nosso método evolutivo para a extração de regras de associação quantitativas é motivado principalmente por

(1) A partição de atributos quantitativos não é fácil para cada atributo e cada utilizador.

(2) Os utilizadores, e mesmo os peritos, sentem geralmente dificuldade em especificar o suporte mínimo.

(3) O espaço de pesquisa pode ser muito grande quando se trata de atributos quantitativos.

(4) As regras devolvidas podem ser demasiado numerosas para serem tratadas.

Seja I ={I_1 ,I_2 ... I_k } o conjunto universal de itens. Então, uma transação pode ser vista como um conjunto de itens com comprimento variável e uma base de dados D pode ser definida como um conjunto de transacções sobre I. A regra de associação X→Y é uma k-regra se X∪Y for um k-conjunto de itens.

A tarefa tradicional de extração de regras de associação consiste em encontrar todas as regras X→Y , de modo a que os suportes e as confidências das regras sejam maiores ou iguais ao suporte mínimo, minsupp, e à confiança mínima, minconf, respetivamente.

No nosso algoritmo genético, chamado EARMGA, exigimos que a confiança conf (X→Y) seja maior ou igual a supp(Y), porque só lidamos com regras de associação positivas da forma X→Y . Assim, definimos a confiança relativa como a medida de interesse da seguinte forma[46]:

$$rel\_conf = \frac{support(X \cup Y) - support(X)support(Y)}{\big(1 - support(Y)\big)support(X)}$$

A tarefa de extração no EARMGA é apresentada da seguinte forma:

Problema . Dada uma base de dados relacional DB e um comprimento de regra k, procuramos algumas k-regras de associação generalizadas de alta qualidade em DB, que sejam quantitativas e categóricas, com as suas confidências relativas aceitavelmente maximizadas, usando um algoritmo genético.

Codificação: O método dc codificação é introduzido para codificar cada regra de associação num único cromossoma. Como qualquer item de um conjunto de itens X tem atributos diferentes, podemos indexar todos os itens de X pelos seus atributos. Além disso, suponhamos que o conjunto de atributos universais é U ={A_1 , A_2 ,. . . ,A_n }. Aqui indexamos todos os atributos por números inteiros 1, 2, . . . ,n. Certamente que também podemos indexar todos os itens em X por

alguns números inteiros entre 1 e n. Assim, suponha que o

conjunto de itens universal U = {1, 2, . . ., n}. Dada uma k-regra de associação X → Y , em que X = {I_1 ,I_2 ... I_j }, e Y ={I_{j+1} , ... I_k } são dois conjuntos de objectos, e $X \cap Y = \phi$codificamos esta regra num indivíduo como

Para mais informações sobre a codificação, consultar [46].

3.2.1 Conceção do algoritmo

Como já foi referido, a confiança relativa é utilizada como função de aptidão para medir o interesse. O nosso objetivo é procurar as regras de associação mais interessantes. Assim, a função de aptidão é crucial para determinar o interesse

No Algoritmo EARMGA, definimos a função de aptidão da seguinte forma

.

$$fitness(chr) = \frac{supp(A_1, A_2, \dots, A_j) - supp(A_1, A_2, \dots, A_j)supp(A_{j+1}, \dots, A_k)}{supp(A_1, A_2, \dots, A_j)(1 - supp(A_{j+1}, \dots, A_k))}$$

em que chr = {j, A_1 , A_2 ,. . . ,A_j ,A_{j+1} ,. . . ,A_k }é um determinado cromossoma. A aptidão de c é, de facto, a confiança relativa da regra de associação correspondente{ A_1 , A_2 ,. . . . ,A_j }→{ A_{j+1} ,. . . . ,A_k }.

Dada uma população de cromossomas, pop, e uma probabilidade de seleção, sp, a função select(pop, sp) filtra os cromossomas "maus" de acordo com os seus valores de aptidão e as probabilidades de seleção. Aceita uma população de cromossomas e devolve a nova população selecionada. Devolve TRUE se o cromossoma for selecionado com sucesso com a probabilidade sp, e FALSE se falhar. Nesta função de seleção, frand( )é utilizada para devolver um número real aleatório que varia entre 0 e 1.

```
population select2(pop, sp)
begin
    pop_ret ← ∅;
    for ∀ chr ∈ pop do
        if (frand() * fitness(chr) < sp) then
          pop_ret ← pop_ret ∪ {chr};
    return pop_ret;
end
```

A função, crossover(pop,cp), também reproduz os cromossomas da descendência com uma probabilidade de cruzamento de cp a partir da população pop. A função crossover(pop,cp) utiliza uma estratégia de dois pontos para reproduzir os cromossomas da descendência a uma probabilidade de cp da população pop e devolve uma nova população. Estes dois pontos de cruzamento são gerados aleatoriamente, de modo que qualquer segmento do cromossoma pode ser escolhido. Aqui, a função irand( ) é utilizada para devolver um número inteiro aleatório entre 0 e k. Geramos i e j através desta função aleatória como os dois pontos de cruzamento e certificamo-nos de que $i \leq j$ no corpo do ciclo. Após o cruzamento, é utilizada uma estratégia de substituição do vizinho mais próximo para garantir que quaisquer dois genes num cromossoma são diferentes.

A função mutate(pop.mp) altera ocasionalmente os genes da população de cromossomas pop com uma probabilidade de mp, para além de considerar a aptidão do cromossoma como um peso adicional. A estratégia de substituição do vizinho mais próximo é utilizada novamente para garantir que os genes alterados são efetivamente novos.

```
population mutate2(pop, mp)
begin
    pop_ret ← ∅;
    for ∀ chr = (I_0, ..., I_k) ∈ pop do
    begin
        if (frand() * fitness(chr) < mp) then
        begin
            attr_set ← chr.attr;
            chr.I_0 ← irand(k − 2) + 1;
            i ← irand(k − 1) + 1;
            attr_set ← attr_set − {I_i};
            n_GI ← number of intervals in I_i.GI;
            x ← irand(n − 1) + 1;
            while x ∈ attr_set
              x ← irand(n − 1) + 1;
            GI_x ← ∅;
            for ∀ m ∈ {1, ..., n_x} do
            begin
          if (frand() ⩽ n_GI/n_i) then
                GI_x ← GI_x ∪ {m};
            end
            chr.I_i ← (x, GI_x);
        end
        pop_ret ← pop_ret ∪ {chr};
    end
    return pop_ret;
end
```

Porque $0 < chr.I_0 < k$ e $0 \leq irand(m) \leq m$ das definições, utilizamos irand( ) com o parâmetro (k-2) para gerar um número inteiro aleatório e atribuí-lo a

$chr.I_0$ para determinar a parte antecedente e a parte consequente de um cromossoma. Em seguida, o gene i_{th} é escolhido para alterar o seu atributo e o intervalo de intervalo. O atributo é alterado para x. O ciclo while garante que x não é um atributo existente do cromossoma chr. Note-se que o intervalo de intervalo alterado deve ser um subdomínio do novo atributo. Seja n_x o número de intervalos de base do atributo Ax. Alguns dos intervalos de base são escolhidos para compor os intervalos vazios GI_x . Probabilisticamente, a proporção de intervalos escolhidos é a mesma que a de I_i .GI.

Dado um cromossoma semente s, podemos usar a seguinte função para inicializar a população pop[0].

```
population initialise2(s)
begin
    pop[0] ← {s};
    while sizeof(pop[0]) < popsize/2 do
        pop[0] ← pop[0] ∪ mutate(pop[0], 1);
    return pop[0];
end
```

A integração dos módulos acima referidos é simples. Continuamos a utilizar a confiança relativa de uma regra de associação como função de aptidão *EARMGA*

.

```
population EARMGA(s, sp, cp, mp)
begin
    i ← 0;
    pop[i] ← initialize2(s);
    while not terminate(pop[i]) do
    begin
        pop_temp ← ∅;
        pop[i + 1] ← select2(pop[i], sp);
        pop_temp ← crossover2(pop[i + 1], cp);
        pop[i + 1] ← pop[i + 1]∪
            mutate2(pop_temp, mp);
        i ← i + 1;
    end
    return pop[i];
end
```

As complexidades temporais de select2,crossover2, e mutate2 são O(n), O(n^2), e O(n) respetivamente, onde n é o número de cromossomas na população.

3.3 Algoritmo proposto

Neste ponto, propomos um EARMGA[46] melhorado, modificando a sua função de aptidão. A função de aptidão no EARMGA é uma medida de confiança relativa baseada no apoio de conjuntos de itens em transacções. O nosso objetivo é procurar as regras de associação mais interessantes e úteis. Por conseguinte, a função de aptidão é fundamental para determinar o interesse do cromossoma e afecta a convergência do algoritmo genético.

Na nossa função de aptidão proposta, mediremos a confiança relativa com base no suporte ponderado em vez do suporte simples. O objetivo da utilização do suporte ponderado é utilizar o peso no processo de extração e dar prioridade à seleção de conjuntos de itens alvo de acordo com a sua importância no conjunto de dados, em vez de apenas a sua frequência. Isto irá dar mais força à nossa função de aptidão, uma vez que não está apenas a considerar a frequência de ocorrência, mas também a testar o seu valor real, custo e necessidade. Por exemplo, no cenário do supermercado, suponhamos que atribuímos um peso a cada um dos itens de acordo com o lucro que gera para a loja, em vez de simplesmente contar e calcular a percentagem de transacções que contêm o conjunto de itens. No EARMGA, definimos a confiança relativa como a medida de interesse. No nosso algoritmo, esta confiança relativa é modificada substituindo o apoio pelo apoio ponderado [49]:

$$rel\_conf = \frac{WS(M \cup N) - WS(M)WS(N)}{(1 - WS(N))WS(M)}$$

Primitivas ponderadas: Seja I ={I_1 ,I_2 ... I_k } um conjunto de itens distintos e W um conjunto de números reais não negativos. Um par (x, w) é chamado de item ponderado onde $x \in I$ é um item e $w \in W$ é o peso associado a x. Uma transação é um conjunto de itens ponderados, cada um dos quais pode aparecer em múltiplas transacções com pesos diferentes.

Os atributos de ponderação A ={a_1 ,a_2 ... a_k } são variáveis selecionadas para calcular os pesos. Dependendo da área de aplicação, pode ser qualquer variável, desde o valor do artigo num supermercado até ao visitante tempo de permanência na página num domínio de exploração de registos Web.

Agora suporte ponderado Suporte ponderado *WST* de um conjunto de itens. Um conjunto de transacções T segundo uma regra A → B, em que A e B são subconjuntos não vazios do espaço de itens I e A ∩ B = ϕ. O seu suporte ponderado é a fração do peso das transacções que contêm A e B em relação ao peso de todas as transacções[49].

$$wsp(AB) = \frac{\sum_{k-1}^{|WS_T| \,\&\, (A \cup B) \subseteq t_k} weight\ (t_k)}{\sum_{k-1}^{|WS_T|} weight\ (t_k)}$$

Para calcular o peso da transação (t_k), é necessário o peso médio dos elementos apresentados na transação, em que $|WS_t(t_k)|$ denota o espaço de transação interna para a k-ésima transação no espaço de transação WS_T

$$weight(t_k) = \frac{\sum_{i=1}^{|WS_t(t_k)|} weight(item(i))}{|WS_t(t_k)|}$$

Codificação: Agora, a codificação é aplicada para codificar cada regra de associação num único cromossoma, tal como no algoritmo EARMGA referido anteriormente.

Agora a população de cromossomas é inicializada e os operadores genéticos de seleção, cruzamento e mutação entram em ação. Estas funções funcionam da mesma forma que no algoritmo EARMGA [], a principal diferença é que a função de aptidão é a seguinte

$$fitness(chrs) = \frac{WS(A_1, A_2, \ldots, A_J) - WS(A_1, A_2, \ldots, A_j)WS(A_{j+1}, \ldots, A_k)}{WS(A_1, A_2, \ldots, A_J)(1 - WS(A_{j+1}, \ldots, A_k))}$$

em que chrs ={j, A_1 , A_2 ,. . . ,A_j ,A_{j+1} ,. . . . ,A_k }é um determinado cromossoma. A aptidão de chrs é, de facto, a confiança relativa da regra de associação correspondente {A_1 , A_2 ,. . . . ,A_j }→{ A_{j+1} ,. . . . ,A_k }.confiança relativa que definimos anteriormente nesta parte.

3.3.1 Fluxograma do trabalho proposto

O diagrama de fluxo básico de todo o processo é mostrado abaixo na Figura 3.2. Começa com a obtenção de conjuntos de itens da base de dados, depois codifica o conjunto de itens em cromossomas. A população é então inicializada e são aplicados operadores genéticos como a seleção, o cruzamento e a mutação, entre os quais a seleção e a mutação utilizam a função de aptidão modificada.

No fluxograma, são apresentadas duas possibilidades de terminação: a possibilidade A e a possibilidade B.

Possibilidade A: A diferença entre o melhor e o pior cromossoma é inferior a um determinado valor, α, que é suficientemente pequeno.

Possibilidade B: O número de iterações, i, é superior a um determinado número máximo maxloop.

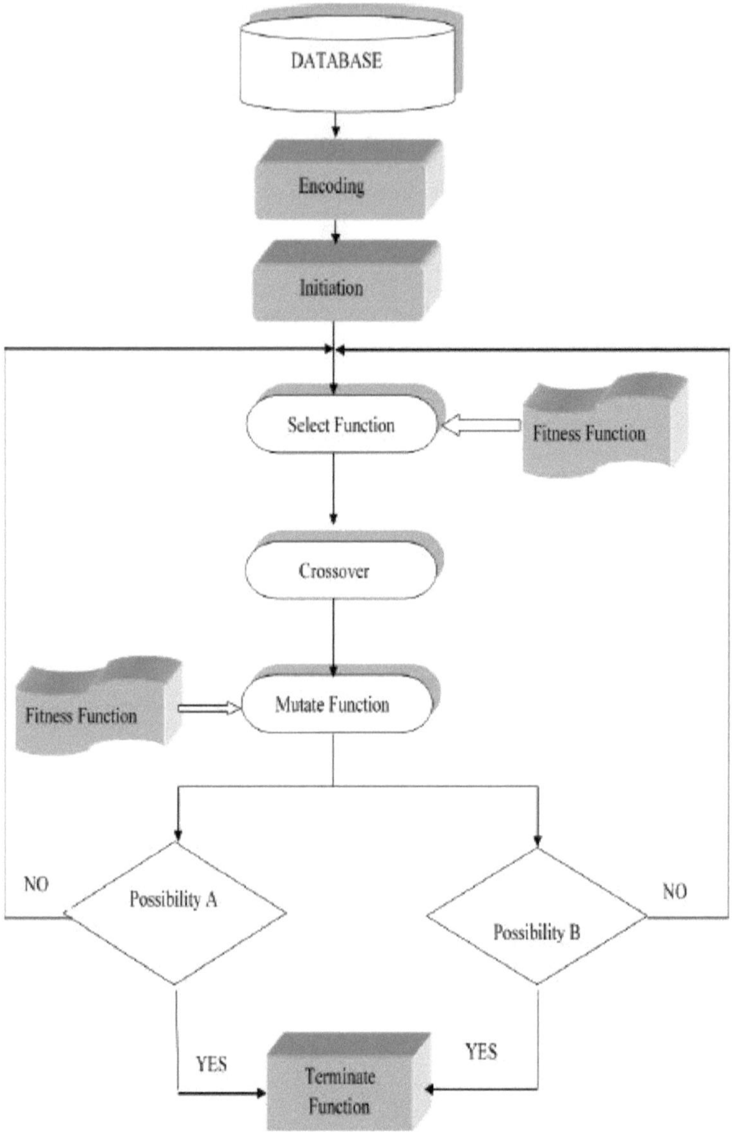

Figura 3.2...Fluxograma do trabalho proposto

CAPÍTULO 4

ANÁLISE EXPERIMENTAL DO APRIORI E DO EARMGA

Na secção de experiências, vamos comparar o algoritmo Apriori e o algoritmo EARMGA em 5 conjuntos de dados e diferentes parâmetros. Para realizar a experiência, utilizámos a ferramenta de software KEEL 2.0.[56][57].

4.1 Conjuntos de dados utilizados

Na nossa experiência, temos 5 conjuntos de dados, nomeadamente Vinho, Incêndio florestal, Cancro da mama Wisconsin (original), Cogumelo e Hardware informático. Todos os conjuntos de dados foram retirados do repositório da UCI http://archive.ics.uci.edu/ml/datasets/.

Conjunto de dados sobre o vinho: Conjunto de dados de vinhos de http://archive.ics.uci.edu/ml/datasets/Wine. Estes dados são o resultado de uma análise química de vinhos produzidos na mesma região de Itália, mas provenientes de três cultivares diferentes. A análise determinou as quantidades de 13 constituintes presentes em cada um dos três tipos de vinhos. Os 13 atributos são: 1) Álcool 2) Ácido málico 3) Cinzas 4)Alcalinidade das cinzas 5) Magnésio 6)Fenóis totais 7) Flavanóides 8) Fenóis não flavanóides 9) Proantocianinas 10) Intensidade da cor 11)Tonalidade 12)OD280/OD315 dos vinhos diluídos 13)Prolina. As caraterísticas do conjunto de dados são multivariadas e as caraterísticas dos atributos são inteiras, reais. Não existem valores em falta.

Forest Fire Forest : O conjunto de dados sobre incêndios é retirado do repositório UCI http://archive.ics.uci.edu/ml/datasets/Forest+Fires. Tem 13 atributos. As caraterísticas do conjunto de dados são multivariadas e as caraterísticas dos atributos são reais.

1. X - coordenada espacial do eixo x no mapa do parque de Montesinho: 1 a 9 2

.

Y - coordenada espacial do eixo y no mapa
do parque de Montesinho: 2 a 9 3
. mês - mês do ano:
'jan' a 'dez' 4
. dia - dia da semana:
'mon' a 'sun' 5

.

FFMC - Índice FFMC do sistema FWI: 18,7 a 96,20 6

.

DMC - Índice DMC do sistema FWI: 1,1 a 291,3 7

.

DC - Índice DC do sistema FWI: 7,9 a 860,6 8
. ISI - Índice ISI do sistema FWI: 0,0 a 56,10 9
. temp - temperatura em graus Celsius: 2,2 a 33,30
10. RH - humidade relativa em %: 15,0 a 100
11. wind - velocidade do vento em km/h: 0,40 a 9,40
12. chuva - chuva externa em mm/m2 : 0,0 a 6,4
13. área - a área queimada da floresta (em ha): 0,00 a 1090,84

Cancro da mama no Wisconsin (Original): O conjunto de dados do cancro da mama é retirado do repositório da UCI http://archive.ics.uci.edu/ml/datasets/Breast+Cancer+Wisconsin+%28Origi

nal%29. As amostras chegam periodicamente à medida que o Dr. Wolberg relata os seus casos clínicos. A base de dados reflecte, portanto, este agrupamento cronológico dos dados. Tem 10 atributos. As caraterísticas do conjunto de dados são multivariadas. As caraterísticas dos atributos são inteiras:

1. Número de código da amostra: número de identificação 2

.

Espessura dos aglomerados: 1 - 10 3

.

Uniformidade do tamanho das células: 1 - 10 4

.

Uniformidade da forma das células: 1 - 10 5

.

Adesão marginal: 1 - 10 6

.

Tamanho de uma única célula epitelial: 1 - 10 7

.

Núcleos nus: 1 - 10 8

. Cromatina sem marcas: 1 - 10

9. Nucléolos normais: 1 - 10 10

. Mitoses: 1 - 10

11. Classe: (2 para benigno, 4 para maligno)

Conjunto de dados sobre cogumelos:Mushroom é retirado de http://archive.ics.uci.edu/ml/datasets/Mushroom . Este conjunto de dados inclui descrições de amostras hipotéticas correspondentes a 23 espécies de cogumelos com guelras da família Agaricus e Lepiota. Cada espécie é identificada como definitivamente comestível, definitivamente venenosa, ou de comestibilidade desconhecida e não recomendada. Esta última classe foi combinada com a classe dos venenosos. O Guia afirma claramente que não existe uma regra simples para determinar a comestibilidade de um cogumelo; não existe uma regra como `` três folhas, que seja" para o carvalho venenoso e a hera. A caraterística do conjunto de dados é multivariada. A caraterística do atributo é categórica, tem valores em falta e 22 atributos, como se segue:

1. Forma do gorro:
sino=b,cónico=c,convexo=x,achatado=f,nodoso=k,afundado=s 2
. Superfície do gorro: fibrosa=f,estrias=g,escamosa=y,lisa=s 3
.
Cor do chapéu: castanho=n, lustre=b, canela=c, cinzento=g, verde=r, rosa=p, púrpura=u, vermelho=e, branco=w, amarelo=y 4
. Equimoses?: equimoses=t, não=f 5
. odor: amêndoa=a, anis=l, creosoto=c, peixe=y, fétido=f, mofado=m, nenhum=n, pungente=p, picante=s 6
.
Anexação da guelra: anexa=a,descendente=d,livre=f,entalhada=n 7
. Espaçamento da guelra: próximo=c,apinhado=w,distante=d 8
.
Cor da guelra: preta=k, castanha=n, amarela=b, chocolate=h, cinzenta=g, verde=r, laranja=o, rosa=p, púrpura=u, vermelha=e, branca=w, amarela=y
10. Forma do pedúnculo: alargado=e, afunilado=t
11. Raiz do pedúnculo: bulbosa=b, em forma de clube=c, em forma de taça=u, igual=e, rizomorfa=z, enraizada=r, ausente=?
12. Superfície do pedúnculo-anel superior:
fibrosa=f,escamosa=y,sedosa=k,lisa=s
13. Superfície do pedúnculo-anel inferior:
fibrosa=f,escamosa=y,sedosa=k,lisa=s
14. Cor do pedúnculo-anel superior:
castanho=n,amarelo=b,canela=c,cinzento=g,laranja=o,rosa=p,vermelho=e,

branco=w,amarelo=y

15. cor do pedúnculo abaixo do anel:

castanho=n,amarelo=b,canela=c,cinzento=g,laranja=o,

rosa=p,vermelho=e,branco=w,amarelo=y

16. tipo de véu: parcial=p,universal=u

17. cor do véu: castanho=n,laranja=o,branco=w,amarelo=y

18. número do anel: nenhum=n,um=o,dois=t

19. tipo de anel:

cobwebby=c,evanescente=e,flaring=f,large=l,nenhum=n,pendant=p,sheathi ng=s,zone=z

20. cor da impressão dos esporos:

black=k,brown=n,buff=b,chocolate=h,green=r,orange=o,purple=u,white=w ,yellow=y

21. População:

abundante=a,agrupada=c,numerosa=n,dispersa=s,várias=v,solitária=y

22. Habitat:

gramíneas=g,folhas=l,prados=m,caminhos=p,urbano=u,resíduos=w,bosque s=d

Hardware do computador: Recolhemos o conjunto de dados de hardware informático do repositório UCI http://archive.ics.uci.edu/ml/datasets/Computer+Hardware Relative CPU Performance Data, descrito em termos do seu tempo de ciclo, tamanho da memória, etc. Os valores estimados do desempenho relativo foram calculados utilizando o método linear. As caraterísticas dos dados são multivariadas e as caraterísticas dos atributos são inteiras:

1. Nome do vendedor: 30 (
adviser, amdahl,apollo, basf, bti, burroughs, c.r.d, cambex, cdc, dec, dg, formation, four-phase, gould, honeywell, hp, ibm, ipl, magnuson, microdata, nas, ncr, nixdorf, perkin-elmer, prime, siemens, sperry, sratus, wang) 2

.

Nome do modelo: muitos símbolos únicos 3

.

MYCT: tempo de ciclo da máquina em nanossegundos (número inteiro) 4

.

MMIN: memória principal mínima em kilobytes (número inteiro) 5

.

MMAX: memória principal máxima em kilobytes (número inteiro) 6

.

CACH: memória cache em kilobytes (número inteiro) 7

.

CHMIN: canais mínimos em unidades (número inteiro) 8

.

CHMAX: canais máximos em unidades (número inteiro) 9

.

PRP: desempenho relativo publicado (número inteiro)
10. ERP: desempenho relativo estimado a partir do artigo original (número inteiro)

Antes de utilizar os dados, estes são primeiro convertidos para o formato KEEL para serem compatíveis com a Ferramenta de Software KEEL 2.0.[56],[57]. A dimensão e as instâncias dos conjuntos de dados são apresentadas no Quadro 1.

Quadro 4.1. Tamanho e atributos dos conjuntos de dados

Conjunto de dados	N.º de atributos	N.º de instâncias
Vinho	13	178
Incêndio florestal	13	517
Cancro da mama Wisconsin(original)	10	699
Cogumelo	22	8124
Hardware informático	9	209

4.2. Parâmetros de comparação

Nesta secção, indicamos os parâmetros com base nos quais o Apriori e o EARMGA são comparados nos conjuntos de dados acima referidos:

Tempo de execução. É o tempo consumido para gerar as regras de associação. O algoritmo com menor tempo de execução é melhor.

N.º de regras **de** associação **geradas**: é o número de regras de associação após a execução da experiência num determinado algoritmo. O algoritmo que gera um menor número de regras é melhor, porque a informação é obtida com um menor número de regras, o que resulta numa redução da complexidade temporal e espacial.

Suporte médio: refere-se à frequência dos conjuntos de itens nas transacções; quanto maior for o suporte, maior será a ocorrência de conjuntos de itens nas transacções; por exemplo, 0,2% de suporte de um item significa que apenas 0,2% das transacções têm esse item; portanto, é preferível o algoritmo com maior suporte médio.

Confidencialidade **média**: refere-se à força das regras de associação. $M \rightarrow N$ for de 90% significa que 90% das transacções que contêm M também contêm N em conjunto.

Registos cobertos: significa a percentagem de registos no conjunto de dados acedidos pelo algoritmo numa determinada condição.

4.3. Configuração da experiência

Nesta secção, apresentaremos os detalhes da configuração experimental. Os parâmetros definidos no KEEL para o algoritmo Apriori são apresentados no Quadro 4.2 e os parâmetros definidos no KEEL para o algoritmo EARMGA são apresentados no Quadro 4.3.

Quadro 4. 2. Parâmetros definidos no algoritmo Apriori

Descritor de parâmetros	**Valor**
N.º de partições para dados numéricos	4
Suporte mínimo	0.3
Confiança mínima	0.8

Tabela 4.3. Parâmetros definidos no algoritmo EARMGA

Descritor de parâmetros	**Valor**
Comprimento fixo das regras de associação	2
Tamanho da população	30
Número de gerações	100
Probabilidade de seleção	0.75
Probabilidade de cruzamento	0.7

Probabilidade de mutação	0.1
Número de partições para atributos numéricos	4
Suporte mínimo	0.3
Confiança mínima	0.8

Na configuração da experiência, começamos por selecionar o conjunto de dados em que a experiência vai ser realizada. Alguns dos conjuntos de dados selecionados têm alguns valores em falta, para resolver este problema, aplicamos um método de pré-processamento. Na nossa experiência, utilizamos a imputação Fuzzy K-means[58]. Com este método, obtemos um conjunto de dados em que nenhuma das linhas contém um valor em falta. Em seguida, aplicam-se os algoritmos de extração de regras de associação com os valores dos parâmetros apresentados no quadro 2 e no quadro 3.

4.4. Resultados obtidos em cada conjunto de dados com instantâneos

No conjunto de dados do vinho:

A experiência foi efectuada no conjunto de dados do vinho com um suporte de 0,3. Seguem-se os resultados obtidos com o Apriori e o EARMGA, respetivamente, como se pode ver nas Figuras 4.1, 4.2 e 4.3

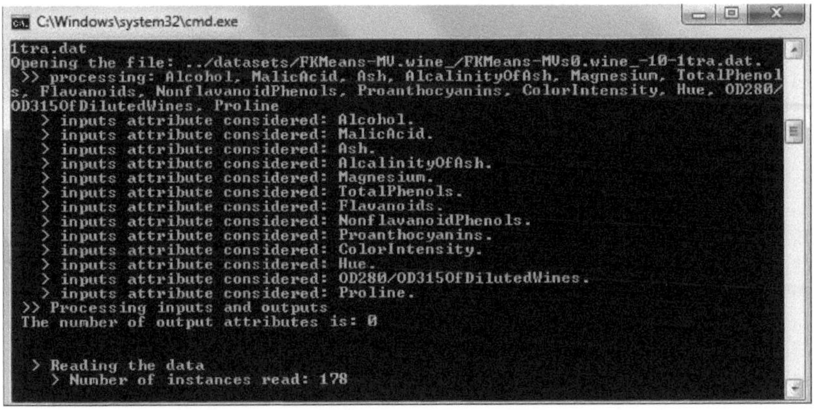

Figura 4.1. Atributos que aparecem na execução do conjunto de dados Wine

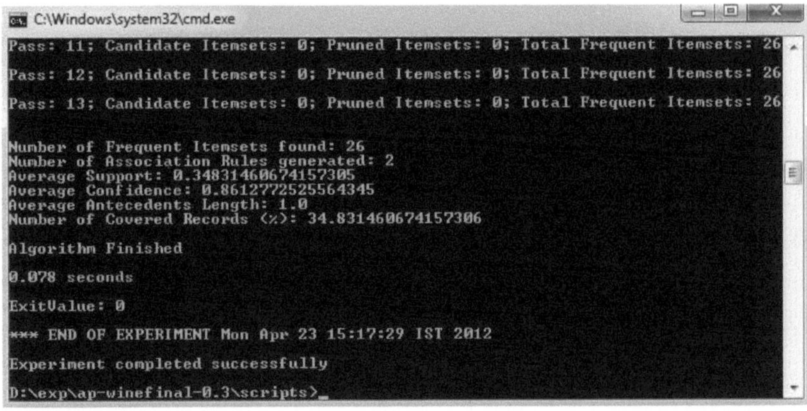

Figura 4.2. Resultados do Apriori no conjunto de dados do vinho

Na figura, o apriori faz 13 passagens para gerar 2 regras de associação com um apoio médio de 0,34831 e uma confiança média de 0,861277. Aqui, o registo coberto é muito inferior, apenas 34,831%.

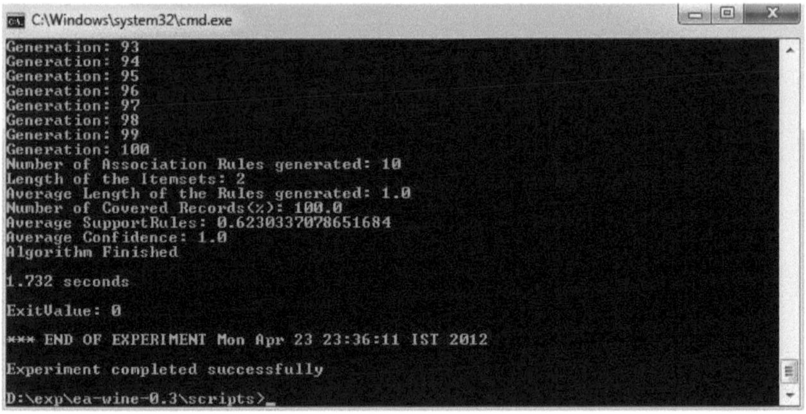

Figura 4.3. Resultados do EARMGA no conjunto de dados do vinho

Na figura, o EARMGA gera 10 regras de associação em 1,732 segundos, com um apoio médio de 0,6230 e uma confiança média de 1,0, cobrindo todos os registos do conjunto de dados.

Sobre o conjunto de dados de incêndios florestais:

A experiência foi efectuada no conjunto de dados de incêndios florestais com um suporte de 0,3. Seguem-se os resultados obtidos com o Apriori e o EARMGA, respetivamente, como se mostra na Figura 4.4, 4.5 e 4.6.

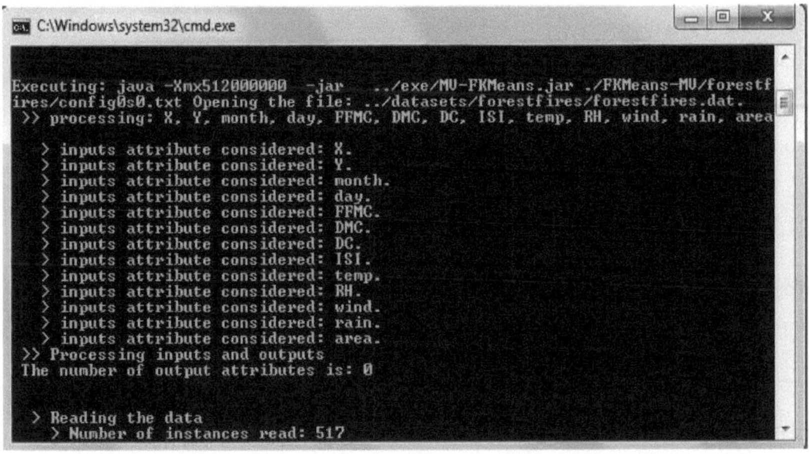

Figura 4.4. Atributos que aparecem na execução do conjunto de dados de incêndios florestais

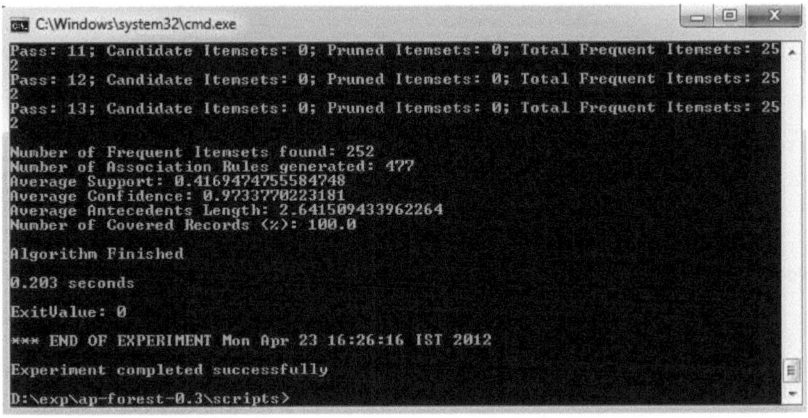

Figura 4.5. Resultados do Apriori no conjunto de dados de incêndios florestais

Na figura, o apriori faz 13 passagens para gerar 2 regras de associação com um suporte médio de 0,4169 e uma confiança média de 0,9733. Aqui, o registo coberto está completo a 100%, o que leva 0,203 segundos a completar esta experiência.

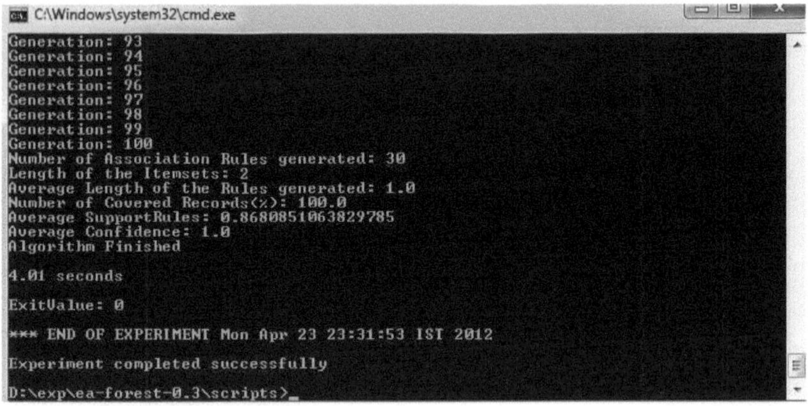

Figura 4.6. Resultados do EARMGA no conjunto de dados de incêndios florestais

Na figura, o EARMGA gera 30 regras de associação em 4,01 segundos, com um apoio médio de 0,868085 e uma confiança média de 1,0, cobrindo todos os registos do conjunto de dados

No conjunto de dados do cancro da mama:

A experiência foi realizada no conjunto de dados de cancro da mama com suporte de 0,3. Seguem-se os resultados obtidos com o Apriori e o EARMGA, respetivamente, como se mostra na Figura 4.7, 4.8 e 4.9

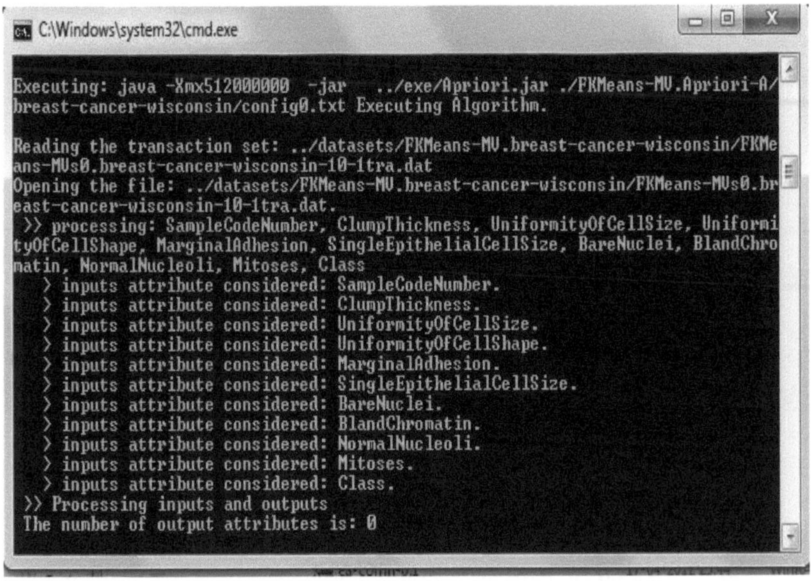

Figura 4.7. Atributos que aparecem na execução do conjunto de dados do cancro da mama

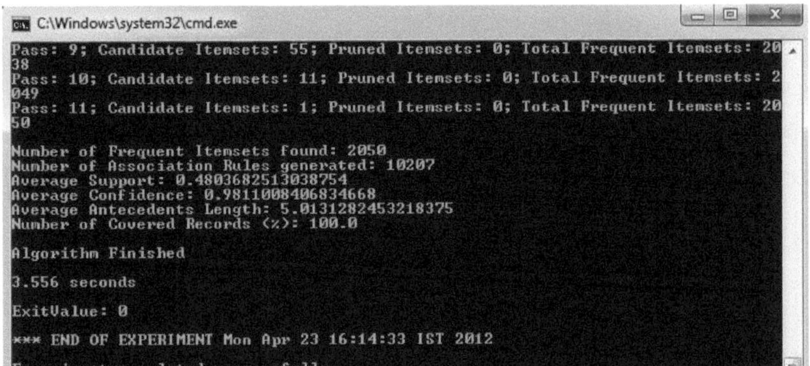

Figura 4.8. Resultados do Apriori no conjunto de dados do cancro da mama

Na figura, o apriori faz 11 passagens para gerar 10207 regras de associação com um apoio médio de 0,48036 e uma confiança média de 0,98110.

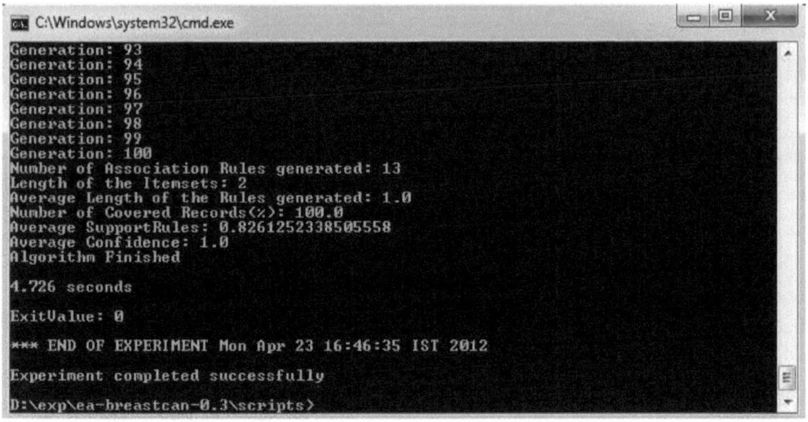

Figura 4.9. Resultados da EARMGA no conjunto de dados do cancro da mama

Na figura, o EARMGA gera 13 regras de associação em 4,726 segundos, com um apoio médio de 0,826125 e uma confiança média de 1,0, cobrindo todos os registos do conjunto de dados

No conjunto de dados dos cogumelos:

A experiência foi efectuada com o conjunto de dados Mushroom com suporte 0,3. Seguem-se os resultados obtidos com o Apriori e o EARMGA, respetivamente, como se pode ver nas Figuras 4.10, 4.11 e 4.12.

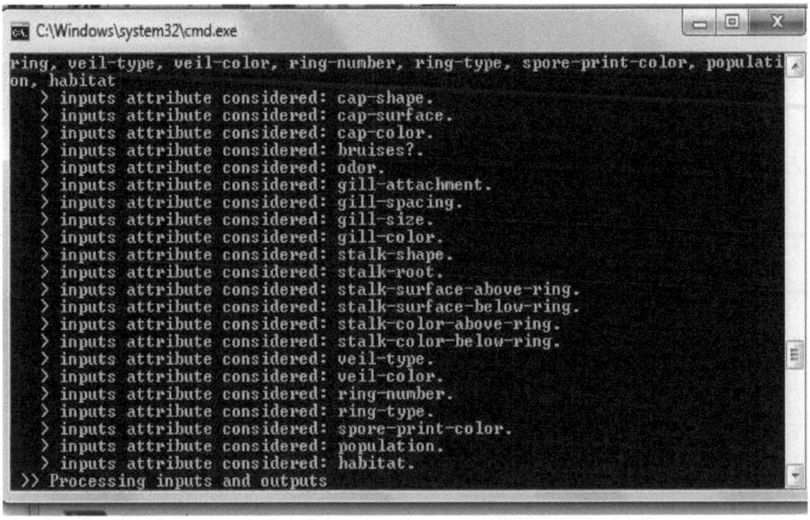

Figura 4.10. Atributos que aparecem na execução do conjunto de dados Mushroom

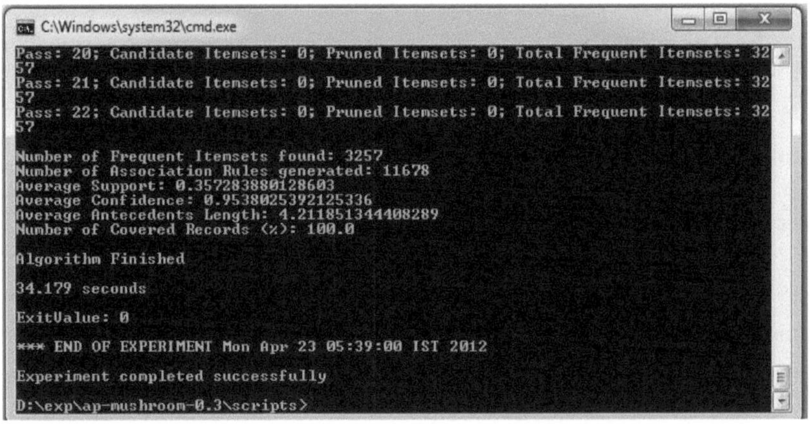

Figura 4.11. Resultados do Apriori no conjunto de dados Mushroom

Na figura, o apriori faz 22 passagens para gerar 11678 regras de associação com um suporte médio de 0,35728 e uma confiança média de 0,95380. Aqui, o registo coberto está completo a 100%. São necessários 34,179 segundos para completar esta experiência.

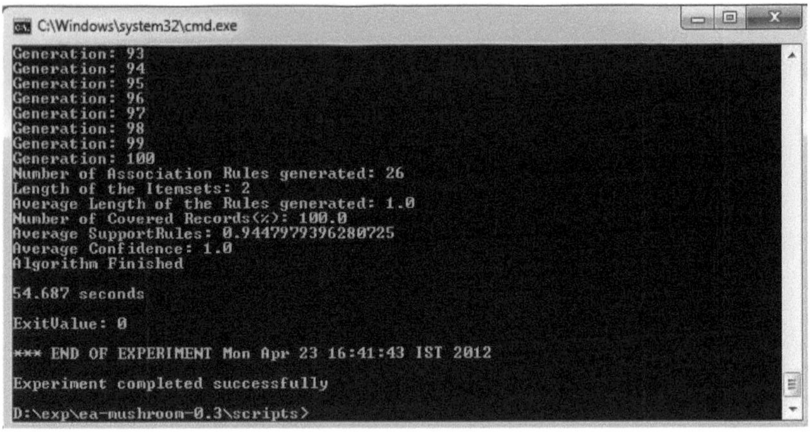

Figura 4.12. Resultados do EARMGA no conjunto de dados "Cogumelos

Na figura, o EARMGA gera 26 regras de associação em 54,687 segundos, com um apoio médio de 0,9447979 e uma confiança média de 1,0, cobrindo todos os registos do conjunto de dados.

No conjunto de dados de hardware de computador

A experiência foi efectuada no conjunto de dados de hardware de computador com suporte 0.3. Seguem-se os resultados obtidos no Apriori e no EARMGA, respetivamente, como se mostra nas Figuras 4.13, 4.14 e 4.16

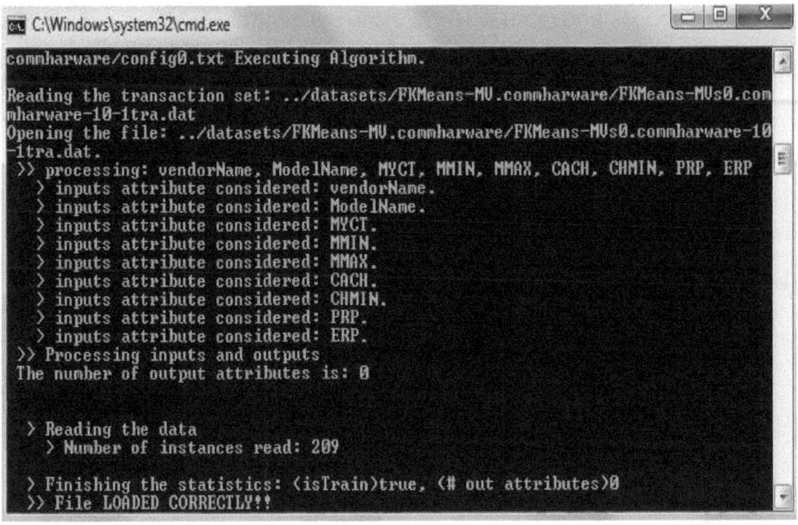

Figura 4.13: Atributos que aparecem na execução do conjunto de dados de hardware de computador

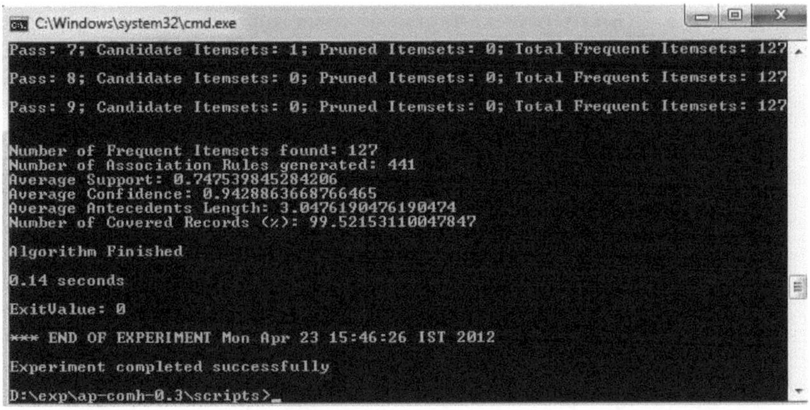

Figura 4.14.Resultados do Apriori no conjunto de dados de hardware de computador

Na figura, o apriori faz 9 passagens para gerar 441 regras de associação com um suporte médio de 0,74753 e uma confiança média de 0,942886. Aqui, o registo coberto está completo a 100% e são necessários 0,14 segundos para concluir esta experiência

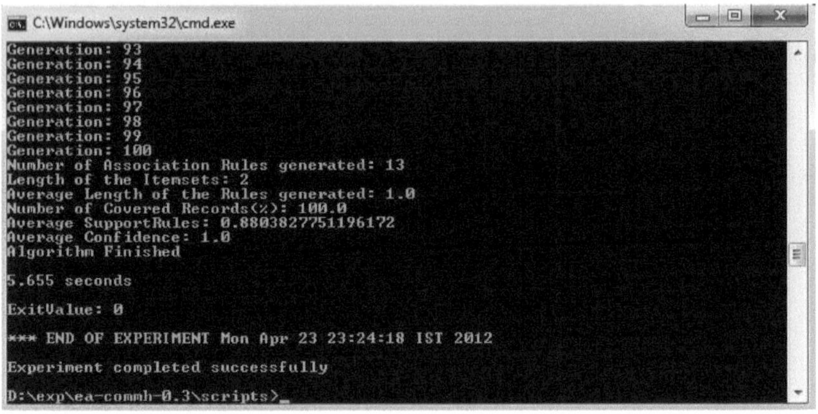

Figura 4.15. Resultados do EARMGA no conjunto de dados de hardware de computador

Na figura, o EARMGA gera 13 regras de associação em 5,655 segundos, com um apoio médio de 0,88038 e uma confiança média de 1,0, cobrindo todos os registos do conjunto de dados.

Os resultados obtidos da experiência com ambos os algoritmos são tabelados em seguida, como se mostra na Tabela 4.4 e na Tabela 4.5.

Tabela 4.4. Resultados do algoritmo Apriori para suporte *de 0,3* min

S. Não.	**Parâmetro/ Conjunto de dados**	**Vinho**	**Incêndio florestal**	**Peito Cancro**	**Cogumelo**	**Computador Hardware**
1	Tempo de execução	0.078	0.203	3.556	34.179	0.14

2	N.º de regras de associação Gerado	2	477	10207	11678	441
3	Apoio médio	0.3483	0.4169	0.4803	0.3572	0.7475
4	Confiança média	0.8612	0.9733	0.9811	0.9538	0.9428
5	Registos abrangidos	34.831	100	100	100	99.5215

Tabela 4.5. Resultados do algoritmo EARMGA para suporte *de 0,3* min

S. Não.	**Parâmetro/ Conjunto de dados**	**Vinho**	**Incêndio florestal**	**Peito Cancro**	**Cogumelo**	**Computador Hardware**
1	Tempo de execução	1.732	4.01	4.426	54.687	5.655
2	N.º de regras de associação Gerado	10	30	13	26	13
3	Apoio médio	0.6230	0.8680	0.8261	0.9447	0.8803
4	Confiança média	1	1	1	1	1
5	Registos abrangidos	100	100	100	100	100

4.5 Análise dos gráficos de resultados

Efectuámos o estudo comparativo dos dois algoritmos, apresentando os resultados obtidos nos gráficos Excel apresentados nas Figuras 4.16, 4.17, 4.18, 4.19 e 4.20.

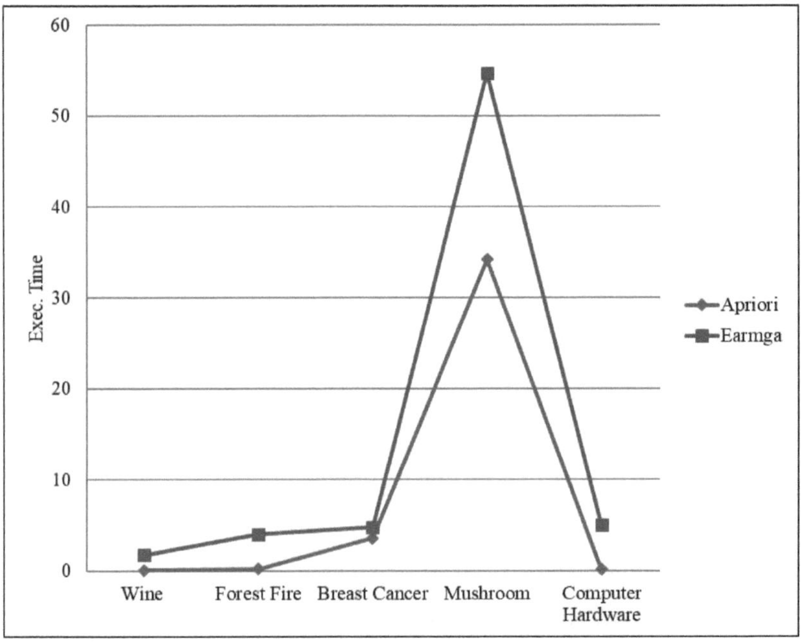

Figura 4.16. Gráfico entre o tempo de *execução* e diferentes *conjuntos de dados*, comparando o Apriori e o EARMGA.

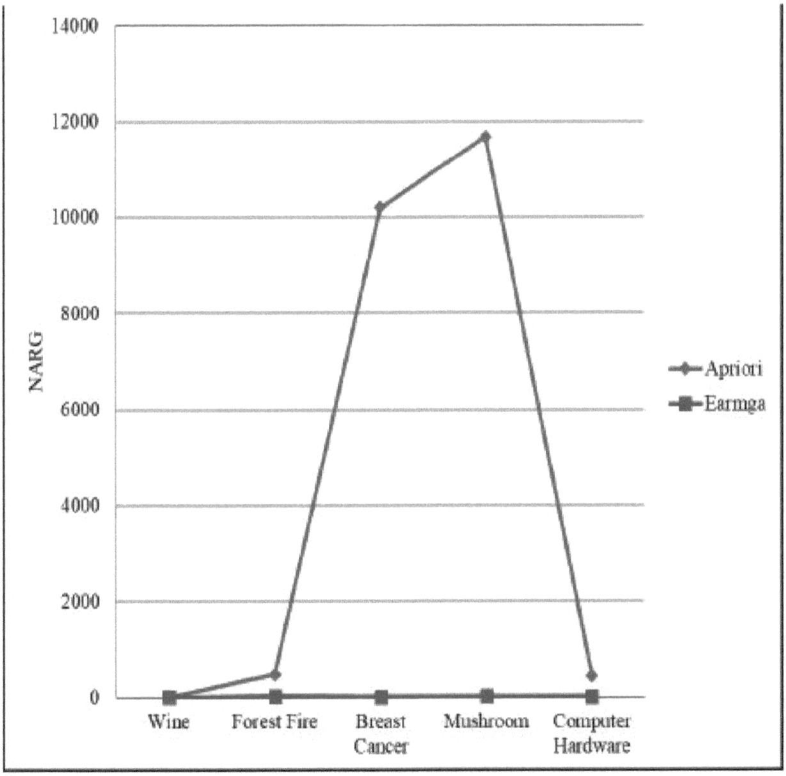

Figura 4.17. Gráfico entre o *número de regras de associação geradas* (*NARG*) e diferentes *conjuntos de dados*, comparando o Apriori e o EARMGA.

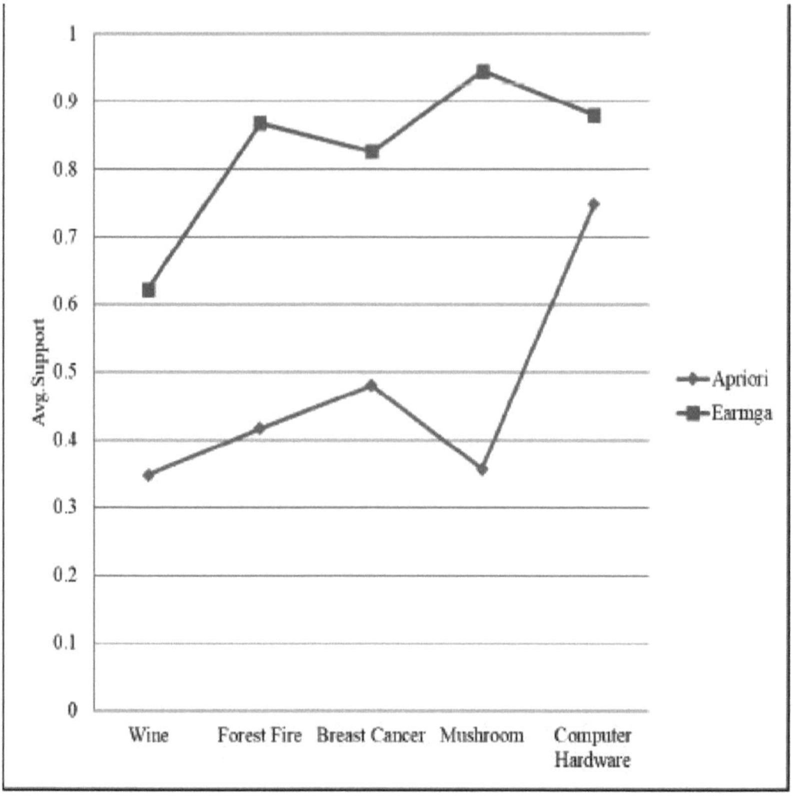

Figura 4.18. Gráfico entre o *suporte médio* e diferentes *conjuntos de dados*, comparando o Apriori e o EARMGA

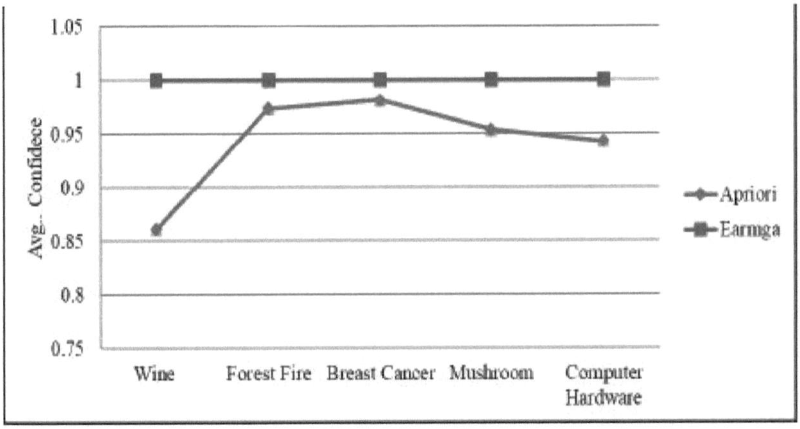

Figura 4.19. Gráfico entre a *confiança média* e diferentes *conjuntos de dados*, comparando o Apriori e o EARMGA

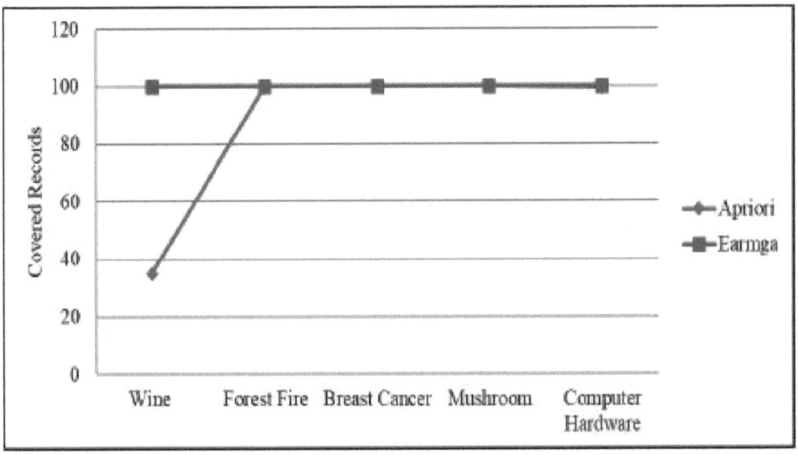

Figura 4.20. Gráfico entre *registos cobertos* e diferentes *conjuntos de dados*, comparando Apriori e EARMGA

Aqui traçámos os gráficos para um suporte mínimo de 0,3, porque dará melhores resultados nos conjuntos de dados considerados. Se o suporte mínimo for maior, o conjunto de dados Wine poderá não gerar regras suficientes e se o suporte mínimo for menor, o conjunto de dados Mushroom gerará regras excessivas.mostra que o número de regras de associação geradas no algoritmo Apriori é muito grande, especialmente nos conjuntos de dados de cogumelos e de cancro da mama, exceto no conjunto de dados do vinho. O valor deste parâmetro é substancialmente reduzido no algoritmo EARMGA, pelo que o algoritmo EARMGA tem um desempenho muito melhor do que o algoritmo Apriori no parâmetro número de regras de associação geradas.A Fig.4 mostra que o algoritmo EARMGA obtém 100% de confiança em todos os conjuntos de dados, pelo que é um algoritmo muito eficaz em termos de confiança. A Fig.5 mostra que os registos cobertos no conjunto de dados são 100% no caso do EARMGA, pelo que é novamente melhor do que o Apriori.

5. Conclusão e âmbito futuro

A regra de associação desempenha um papel proeminente em muitas aplicações de extração de dados e é uma das técnicas de extração de dados mais importantes e bem estudadas. O seu objetivo é extrair correlações interessantes, padrões frequentes, associações ou estruturas casuais entre conjuntos de itens nas bases de dados de transacções ou noutros repositórios de dados. As regras de associação são amplamente utilizadas em vários domínios, como a análise de cabazes de mercado, as redes de telecomunicações, a gestão do mercado e do risco, o controlo das existências, etc. Ajudam a gerar padrões interessantes e úteis em grandes bases de dados.

Nesta tese, analisámos muitos algoritmos de extração de regras de associação, alguns dos quais são algoritmos clássicos, outros baseados em árvores, algoritmos paralelos e distribuídos, algoritmos baseados na genética e, por último, algoritmos baseados no peso. O algoritmo Apriori é o mais comum para a extração de regras, o que leva menos tempo de execução, mas pode gerar demasiadas regras inúteis. Por outro lado, o algoritmo EARMGA demora algum tempo, mas gera um menor número de regras de associação e tem um elevado interesse com base no algoritmo genético. O algoritmo genético dará um resultado de pesquisa ótimo com base na função de aptidão dada pela confiança relativa no EARMGA.

Também apresentámos uma proposta de algoritmo que consiste no envolvimento do fator de peso no algoritmo genético, nomeadamente o EARMGA, o que é feito através da modificação da função de aptidão do EARMGA. Ao utilizar o suporte ponderado, estamos a utilizar o peso no processo de extração e a dar prioridade à seleção de conjuntos de itens-alvo de acordo com a sua importância no conjunto de dados, e não apenas com a sua frequência.

O nosso trabalho pode ser alargado comparando os algoritmos com um maior número de parâmetros para explorar a melhor perspetiva. O EARMGA proposto pode ser melhorado modificando mais intensamente as operações genéticas e a função de aptidão.

REFERÊNCIAS

[1] Chen, M.-S., Han, J., e Yu, P. S. 1996.Data mining: an overview from a database perspective. *IEEE Trans. On Knowledge And Data Engineering 8*, 866-883.

[2] Zhang, S., X. Wu, e C. Zhang, *Multi-Database Mining.* IEEE Computational Intelligence Bulletin, Vol. 2, No. 1, junho de 2003: p. 5-13.

[3] Han, J. e M. Kamber, *Data Mining : Concepts and Techniques*. 2001: Morgan Kaufmann Publishers.

[4] Agrawal, R., T. Imielinski, e A. Swami. *Mining Association Rules between sets of items in large databases*. in *ACM SIGMOD International Conference on the Management of Data*. 1993. Washington, D.C.

[5] Agrawal, R. e R. Srikant. *Fast Algorithms for mining association rules*. in *20th Int'l Conference on Very Large Databases (VLDB)*. 487-499,1994.

[6] Savasere, A., E. Omiecinsky, e S. Navathe. *An efficient algorithm for mining association rules in large databases*. in *21st Int'l Cong. on Very Large Databases (VLDB)*. 1995. Zurique, Suíça.

[7] Sarawagi, S., S. Thomas e R. Agrawal. *Integrating Association Rule Mining with Relational Database System: Alternatives and*

Implications. in *ACM SIGMOD Int'l Conference on Management of Data*. 1998. Seattle, Washington.

[8] Murthy, S. K. 1998. Construção automática de árvores de decisão a partir de dados: A multi-disciplinary survey. *Data Mining and Knowledge Discovery 2,* 4, 345-389.

[9] Duda, R. e Hart. 1973. *Pattern Classification and Scene Analysis*. Wiley&Sons, Inc.1973

[10] James, M. 1985. *Classification Algorithms*. Wiley&Sons, Inc.1985.

[11] Berkhin, P. 2002. Estudo de técnicas de extração de dados de agrupamento. Relatório técnico, Accrue Software, San Jose, CA.

[12] Han, J., Dong, G., e Yin, Y. 1999. Extração eficiente de padrões periódicos parciais em bases de dados de séries cronológicas. Em *Fifteenth International Conference on Data Engineering*. IEEE Computer Society, Sydney, Austrália, 106-115.

[13] Mannila, H., Toivonen, H., e Verkamo, A. I. 1995. Descoberta de episódios frequentes em sequências. In *Interantional Conference on Knowledge Discovery and Data Mining*. IEEE Computer Society Press.

[14] Agrawal, R. e Srikant, R. 1995. Mineração de padrões sequenciais. Na Décima *Primeira Conferência Internacional sobre Engenharia de Dados*, P. S. Yu e A. S. P. Chen, Eds. IEEE Computer Society Press, Taipei, Taiwan, 3-14.

[15] Koperski, K. e Han, J. 1995. Descoberta de regras de associação espacial em bases de dados de informação geográfica. Em *Proc. 4º Int. Symp. Avanços em Bases de Dados Espaciais, SSD*, M. J. Egenhofer e J. R. Herring, Eds. Vol. 951. Springer-Verlag, 47-66.

[16] Koperski, K. e Han, J. 1996. Métodos de extração de dados para a análise de grandes bases de dados geográficas.

[17] Han, J., Koperski, K., e Stefanovic, N. 1997. GeoMiner: um protótipo de sistema para a recolha de dados espaciais. 553-556.

[18] Mika Klemettinen, Heikki Mannila, Pirjo Ronkainen, Hannu Toivonen e A. Inkeri Verkamo, Finding Interesting Rules From Large Sets of Discovered Association Rules", *Actas da Terceira Conferência Internacional sobre Gestão da Informação e do Conhecimento (CIKM'94)*, novembro de 1994, pp. 401-407.

[19] M. Houtsma e A. Swami, Set-Oriented Mining for Association Rules in Relational Databases, *Actas da 11ª Conferência Internacional do IEEE sobre Engenharia de Dados*, pp. 25-34, Taipei, Taiwan, março de 1995.

[20] Sarawagi Sunita, Thomas Shiby, e Agrawal Rakesh, Integrating Mining with Relational Database Systems: Alternatives and Implications, Proceedings ACM SIGMOD International Conference on Management of Data, SIGMOD 1998, June 2-4, 1998, Seattle, Washington, USA.

[21] Ramakrishnan Srikant, Fast Algorithms for Mining Association Rules and Sequential Patterns, *Ph.D Dissertation, 1996, University of Wisconsin*, Madison.

[22] Han, J., Pei, J., & Yin, Y. (2000). Mineração de padrões frequentes sem geração de candidatos. In Proceedings of the ACM SIGMOD International Conference on Management of Data (SIGMOD) (pp. 1-12).

[23] Han, J., Pei, J., e Yin, Y. 2000. Mineração de padrões frequentes sem geração de candidatos. In *2000 ACM SIGMOD Intl. Conference on Management of Data*, W. Chen, J. Naughton, and P. A. Bernstein, Eds. ACM Press, 1-12.

[24] Das, A., Ng, W.-K., e Woon, Y.-K. 2001. Mineração rápida de regras de associação. Em *Actas da décima conferência internacional sobre gestão da informação e do conhecimento*. ACM Press,474-481.

[25] Mohammed Javeed Zaki, Parallel and Distributed Association Mining: A Survey, *IEEE Concurrency*, outubro-dezembro de 1999.

[26] Jaturon Chattratichat, John Darlington, Moustafa Ghanem, e et. al, Extração de dados em grande escala: Challenges and Responses, *Actas da 3.ª Conferência Internacional sobre Descoberta de Conhecimento e Extração de Dados*, pp. 143-146, agosto de 1997.

[27] Rakesh Agrawal e John C. Shafer, Parallel Mining of Association Rules, *IEEE Transactions on Knowledge and Data Engineering,* Vol. 8, No. 6, pp. 962-969, dezembro de 1996.

[28] Jong Soo Park, Ming-Syan Chen, and Philip S. Yu, An Effective Hash Based Algorithm for Mining Association Rules, *Proceedings of the 1995 ACM SIGMOD International Conference on Management of Data*, pp. 175-186, San Jose, California, 22-25 May 1995.

[29] David Wai-Lok Cheung, Jiawei Han, Vincent Ng, Ada Wai-Chee Fu e Yongjian Fu, A Fast Distributed Algorithm for Mining Association Rules, *Proceedings of PDIS*, 1996.

[30] Mohammed Javeed Zaki, Mitsunori Ogihara, Srinivasan Parthasarathy e Wei Li, Parallel Data Mining for Association Rules on Shared-Memory Multiprocessors, *Relatório Técnico TR 618, Universidade de Rochester, Departamento de Informática*, maio de 1996.

[31] Jong Soo Park, Ming-Syan Chen e PhilipS. Yu, Efficient Parallel Data Mining for Association Rules, *Actas da Conferência Internacional sobre Gestão da Informação e do Conhecimento*, pp. 31-36, Baltimore, Maryland, 22-25 de maio de 1995.

[32] David W. Cheung e Yongqiao Xiao, Effect of Data Skewness in Parallel Mining of Association Rules, *Actas da 2ª Conferência Pacífico-Ásia sobre Descoberta de Conhecimento e Extração de Dados*, pp. 48-60, Melbourne, Austrália, abril de 1998.

[33] Eui-Hong Han, George Karypis e Vipin Kumar, Scalable Parallel Data Mining For Association Rules, *Actas da Conferência ACM SIGMOD*, pp. 277-288, 1997.

[34] Takahiko Shintani e Masaru Kitsuregawa, Hash Based Parallel Algorithms for Mining Association Rules, *Proceedings of PDIS*, 1996.

[35] Mohammed Javeed Zaki, Srinivasan Parthasarathy, Mitsunori Ogihara, e Wei Li, New Parallel Algorithms for Fast Discovery of Association Rules, *Data Mining and Knowledge Discovery*, Vol. 1, No. 4, pp. 343-373, dezembro de 1997.

[36] Herrera, F.: Sistemas Fuzzy Genéticos: Taxonomia, Tendências de Investigação Actuais e Perspectivas, Inteligência Evolutiva, 1(1), 2008, 27-46.

[37] Smith, S.: A learning system based on genetic algorithms, Tese de Doutoramento, Universidade de Pittsburgh, 1980.

[38] Jong, K. D., Spears, W., Gordon, D.: Using genetic algorithms for concept learning, Machine Learning,13(2-3), 1993, 161-188.

[39] Bacardit, J., Garrell, J.-M.: Evolução de Discretizações Múltiplas com Intervalos Adaptativos para um Sistema Classificador de Aprendizagem Baseado em Regras de Pittsburgh, em: Actas da Conferência de Computação Genética e Evolutiva (GECCO) (E. Cantu-Paz, J. Foster, Eds.), vol. 2724 de Lecture Notes in Computer Science, Springer, Heidelberg,2003, 1818-1831.

[40] Bacardit, J., Goldberg, D.-E., Butz, M.-V.: Melhorando o desempenho de um sistema classificador de aprendizagem de Pittsburgh usando uma regra padrão, em: Learning Classifier Systems

(T. Kovacs, X. Llor, K. Takadama, P. L. Lanzi, W. Stolzmann, , S. W. Wilson, Eds.), vol. 4399 de Lecture Notes in Computer Science, Springer, Heidelberg,2007, 291-307.

[41] Holland, J., Reitman, J.: Cognitive systems based on adaptive algorithms, in: Patter-direted inference systems (D. Waterman, F. Hayes-Roth, Eds.), Academic Press, Londres, 1978, 1148-1158.

[42] T-Kovacs: Strength or accuracy: credit assignment in learning classifier systems, Springer-Verlag, Berlin,2004.

[43] Venturini, G.: SIA: um algoritmo indutivo supervisionado com pesquisa genética para a aprendizagem de conceitos baseados em atributos, in: Proceedings of the European Conference on Machine Learning, vol. 667 das Lecture Notes in Computer Science, Viena, Áustria, abril de 1993, 280-296.

[44] Greene, D., Smith, S.: Competition-based induction of decision models from examples, Machine Learning,13(2-3), 1993, 229-257.

[45] Yan, X., Zhang, C., Zhang, S.: ARMGA: Identifying Interesting Association Rules with Genetic Algorithms, Applied Artificial Intelligence, 19(7), 2005, 677-689.

[46] Yan, X., Zhang, C., Zhang, S.: Genetic algorithm-based strategy for identifying association rules without specifying atual minimum support, Expert Systems with Applications, 36(2), 2009, 3066-3076.

[47] Mata, J., Alvarez, J., Riquelme, J.: Mining Numeric Association Rules with Genetic Algorithms, 5th International Conference on Artificial Neural Networks and Genetic Algorithms, Taipei, Taiwan, abril de 2001.

[48] Mata, J., Alvarez, J., Riquelme, J.: An Evolutionary Algorithm to Discover Numeric Association Rules, ACM Symposium on Applied Computing, Madrid, Espanha, março de 2002.

[49] F Tao , F Murtagh, M Farid (2003) Weighted association rule mining using weighted support and significance framework. In: Actas da 9ª conferência internacional ACM SIGKDD sobre descoberta de conhecimentos e extração de dados. Washington, DC, pp 661-666.

[50] Jiawei Han e Yongjian Fu, "*Discovery of Multiple-Level Association Rules from Large Databases*" (*Descoberta de regras de associação de vários níveis a partir de grandes bases de dados*), nas Actas da Conferência Internacional de 1995 sobre bases de dados muito grandes (VLDB'95), Zurique, Suíça, 2002, pp. 420-431.

[51] W. Wang, J. Yang e P. Yu "*Efficient mining of weighted association rules (WAR)*", Proc. of the ACM SIGKDD Conf. on Knowledge Discovery and Data Mining, 270-274, 2000.

[52] Bing Liu, Wynne Hsu, and Yiming Ma, "*Mining Association Rules with Multiple Supports*", Proc. of the ACM SIGKDD Int'l Conf. on Knowledge Discovery and Data Mining (KDD-99), SanDiego, CA, USA, 1999.

[53] G.D.Ramkumar, Sanjay Ranka e Shalom Tsur, "*Weighted Association Rules: Model and Algorithm*" KDD1998, 1998.

[54] Srikant, R., & Agrawal, R. (1995). Mining generalized association rules In Proceedings of the 21st international conference on very large databases (VLDB'95) (pp. 407-419).

[55] Srikant, R., & Agrawal, R. (1996). Mineração de regras de associação quantitativas em grandes tabelas relacionais. Em Proceedings of the ACM SIGMOD international conference on management of data (SIGMOD'96) (pp. 1-12).

[56] J. Alcalá-Fdez, L. Sánchez, S. García, M.J. del Jesus, S. Ventura, J.M. Garrell, J. Otero, C. Romero, J. Bacardit, V.M. Rivas, J.C. Fernández, F. Herrera KEEL: A Software Tool to Assess Evolutionary Algorithms to Data Mining Problems. Soft Computing 13:3(2009) 307-318.

[57] J. Alcalá-Fdez, A. Fernandez, J. Luengo, J. Derrac, S. García, L. Sánchez, F. Herrera. KEEL Data-Mining Software Tool: Repositório de conjuntos de dados, integração de algoritmos e estrutura de análise experimental. Journal of Multiple-Valued Logic and Soft Computing 17:2-3 (2011) 255-287.

[58] J. Deogun, W. Spaulding, B. Shuart e D. Li. Towards Missing Data Imputation (Para a imputação de dados em falta): A Study of Fuzzy K-means Clustering Method. 4ª Conferência Internacional de Conjuntos Rígidos e Tendências Actuais em Computação (RSCTC'04). Lecture Notes in Computer Science 3066, Springer 2004, Uppsala (Suécia, 2004) 573-579

MIX
Papier aus verantwortungsvollen Quellen
Paper from responsible sources
FSC® C105338

Printed by Books on Demand GmbH, Norderstedt / Germany